ullstein

»KÖNIGIN DES RAP. NURA HABIB OMER IST EINE DER WICHTIGSTEN STIMMEN IM DEUTSCHSPRACHIGEN HIPHOP.« *Süddeutsche Zeitung*

In ihrem Buch erzählt Nura erstmals ihre ganze Geschichte: von der Flucht als dreijähriges Mädchen aus Kuwait nach Deutschland und dem Leben mit der fünfköpfigen Familie im Flüchtlingsheim. Von ihrer muslimischen Erziehung, Zukunftsängsten, dem Bruch mit der Mutter und dem Aufwachsen in einem Kinderheim. Von ihrem Engagement für die LGBTQ-Community – und schließlich von ihren ersten Schritten als Sängerin in einem Chor und ihrer steilen Karriere als Rapperin. Nuras Weg ist gekennzeichnet von Rückschlägen, Depressionen und Rassismuserfahrungen. Immer wieder hat sie zu hören bekommen, dass sie etwas nicht darf – schon gar nicht als muslimisches Mädchen. Aber sie hat sich durchgekämpft und ist heute vielen jungen Menschen ein Vorbild.

NURA HABIB OMER, geboren 1988 in Kuwait, aufgewachsen in Wuppertal, ist eine der erfolgreichsten deutschsprachigen Sängerinnen. Mit 18 zog sie nach Berlin, schloss sich dem Berliner Kneipenchor und The toten Crackhuren im Kofferraum an, einer Berliner Fun-Punk-Band. Sie war Teil des HipHop-Duos SXTN und macht heute als Solo-Künstlerin Musik.

Nura Habib Omer

Weißt du, was ich meine?

Vom Asylheim in die Charts

Ullstein

Besuchen Sie uns im Internet:
www.ullstein.de

Ungekürzte Ausgabe im Ullstein Taschenbuch
1. Auflage April 2022

Auf S. 121 f. findet sich der Songtext zu »Trost« von GLASHAUS, mit freundlicher Genehmigung der Pelham & Freunde GmbH, Autor: Moses Pelham
Umschlaggestaltung: zero-media.net, München
Titelabbildung: © Johanna Ghebray
Fotos Innenteil: © privat
Gesetzt aus der Quadraat Pro; powered by pepyrus
Druck und Bindearbeiten: CPI books GmbH, Leck.
ISBN 978-3-548-06532-8

Inhalt

»Doch ihr müsst wissen, egal was auch ist,
schau mich an, Ma, ich bin jetzt groß, bitte glaub an mich.
Ich schaff das schon, die große Stadt frisst mich nicht auf.
Und wenn was ist, kenn ich mein' Platz bei euch zu Hause –
Dankeschön.«
SAM – Love You

• • •

»Das Glück begreifen, daß der Boden, auf dem du stehst,
nicht größer sein kann, als die zwei Füße ihn bedecken.«
Franz Kafka: *»Betrachtungen über Sünde, Leid, Hoffnung und den wahren Weg«* in: Max Brod (Hg.): Beim Bau der Chinesischen Mauer, Berlin 1931, S. 229.

Vorwort

Dieses Buch trägt den Titel »Weißt du, was ich meine?«. Wer mich und meine Musik kennt, der weiß, dass ich diesen Satz nicht zum ersten Mal benutzt habe. Auf meinem ersten Soloalbum »habibi« aus dem Jahr 2019 gibt es den Song »Was ich meine«, in dem ich diese Frage immer wieder stelle. Das Lied war, ehrlich gesagt, nicht besonders tiefgründig. Es handelte vielmehr davon, dass ich jetzt Geld mache und mir außerdem ziemlich egal ist, ob irgendjemand neidisch auf mich oder meinen Erfolg ist.

»Weißt du, was ich meine?« ist im Grunde ja nur die eingedeutschte Version des amerikanischen »You know what I mean?«. Fünf Worte, die man einfach so dahersagt, wenn man nicht weiterweiß. Ein Universalsatz, ein Lückenfüller, eine Art ausformuliertes Komma, eine Phrase, die einem Zeit verschafft, um danach die wirklich wichtigen Sachen zu sagen – genau das habe ich mir jetzt mit diesem Buch vorgenommen.

Wenn ich so zurückdenke, habe ich eigentlich nie viel geschrieben. Klar, in der Schule, wenn ich musste, schon. Hier eine Klassenarbeit, dort einen Aufsatz. Mittlerweile schreibe ich natürlich auch die Texte für meine Songs. Aber ich hatte nie das Bedürfnis, das über den Tag Erlebte und besondere Ereignisse Abend für Abend in einem Buch festzuhalten. Eigentlich habe ich nur während meiner Zeit im Heim ein Tagebuch geführt, um meine Sorgen zu verarbeiten.

Aber ich muss gestehen, dass ich nicht sehr lange hineinschrieb – aus Angst davor, dass jemand das Buch finden und meine geheimsten Gedanken lesen könnte.

Inzwischen sehe ich das anders. Ich finde es eine schöne Vorstellung, dass jemand all das nachlesen kann, was ich erlebt habe und was mir in diesen Momenten durch den Kopf gegangen ist. Tatsächlich trage ich die Idee schon einige Jahre mit mir herum, alles, was ich erlebt habe, endlich mal aufzuschreiben und daraus ein Buch zu machen. Denn seitdem ich in der Öffentlichkeit stehe, merke ich, dass sich immer mehr Menschen für meine Lebensgeschichte interessieren.

Nach jedem Interview bekomme ich unzählige Nachrichten von Fans, die gerne mehr über mein Leben erfahren würden. Die Fragen haben, mir gerne länger zuhören würden, wenn ich über mein Leben erzähle. Richtig krass wurde das, als ich im YouTube-Format »Germania« zum ersten Mal über die Konflikte mit meiner Mutter wegen ihres Glaubens und über meine Zeit im Heim erzählte. All diese Reaktionen haben mir gezeigt, dass ich meine Geschichte nicht geheim halten sollte. Im Gegenteil: Ich weiß mittlerweile, dass sie außergewöhnlich ist. Ich meine, ich habe in einem Asylheim gelebt und verdiene jetzt mit Musik mein

Geld und führe ein schönes Leben. Ich hätte nie gedacht, dass das möglich sein würde. Und doch wusste ich, dass ich es schaffen kann.

Dass ihr jetzt dieses Buch in den Händen haltet, ist der beste Beweis. Oder?

In diesem Buch erzähle ich euch meine Lebensgeschichte. Von meinem Aufwachsen in Kuwait und der Ankunft in Deutschland. Von all den Problemen, aber auch den schönen Dingen, die dieses Land in den Jahren darauf für mich bereitgehalten hat. Von den Konflikten mit meiner Mutter und der Aussöhnung. Von meinen ersten musikalischen Gehversuchen bis zum Karrierebeginn mit SXTN und darüber hinaus.

Es ist keine Geschichte, in der alles glattgelaufen ist. Es ist eine Geschichte mit vielen Stolpersteinen, aber auch mit einem guten Ende. Wobei, das Ende kommt ja erst noch. Irgendwann ...

Vielleicht erkennt ihr euch beim Lesen in der einen oder anderen Situation wieder. Vielleicht seid ihr an einem Punkt in eurem Leben, an dem ihr ähnliche Entscheidungen fällen müsst. Vielleicht habe ich sogar dieselben Sorgen und Ängste, die euch gerade plagen, schon durchlebt.

Ich möchte in diesem Buch meine Lebensgeschichte erzählen. Ich will euch aber auch zeigen, dass jeder es schaffen kann. Auch wenn man in nicht so guten Verhältnissen groß geworden ist. Wenn die Startvoraussetzungen überschaubar sind, wie meine es waren. Ich möchte euch mit diesem Buch Hoffnung geben und Mut machen, euch Kraft spenden und zeigen: Wenn ich es schaffen kann, dann könnt ihr das auch – ganz egal, ob ihr hier in Deutschland geboren oder erst vor einiger Zeit hierhergekommen seid.

Egal, ob ihr Heimkinder oder muslimische Kids seid, Mädels mit oder ohne Kopftuch, schwule Jungs oder Menschen, die trans sind. Dieses Buch ist für euch alle. Für jeden, der manchmal Angst hat, sich unverstanden fühlt, der Sorgen hat, wenn er an die Zukunft denkt oder meint, dass niemand an ihn glaubt.

Vielleicht hilft es euch ein bisschen.

Nura
Berlin, Juni 2020

Meine Mutter

Meine Geschichte zu erzählen, heißt auch, die Geschichte meiner Mama zu erzählen. Mama wurde am 12. November 1966 in Eritrea geboren. Einem kleinen Land im Osten des afrikanischen Kontinents, das im Nordwesten an den Sudan, im Süden an Äthiopien und im Südosten an Dschibuti grenzt.

Vielleicht hilft es, wenn ich zu Beginn mal ein bisschen über dieses Land erzähle. Eritrea ist vor allem ein junges Land. Das Gebiet des heutigen Eritreas und die Völker, die dort lebten, trugen im Laufe der Jahrhunderte unterschiedliche Namen und wurden von unterschiedlichen Mächten beherrscht, darunter das christliche Aksumitische Reich, das Osmanische Reich und Ägypten.

Ende des 19. Jahrhunderts besetzten die Italiener das Gebiet und versuchten von dort aus immer wieder, auch Äthiopien zu erobern. Als das 1936 gelang, wurden Eritrea und Äthiopien kurzerhand als Italienisch-Ostafrika zusammengeschlossen. Im Zweiten Weltkrieg eroberten 1941 britische Truppen Eritrea, ehe das Land 1952 der Obhut der neu gegründeten Vereinten Nationen übergeben wurde. Als eigenständiges und anerkanntes Land existiert Eritrea erst seit 1993.

Eritrea hat nicht nur eine Landessprache, sondern es werden neun verschiedene Sprachen gesprochen: Afar, Arabisch, Bedscha, Bilen, Kunama, Nara, Saho, Tigre und Tigrinya. Jede der neun Sprachen ist dabei Nationalsprache.

Mama ist aus dem Stamm Saho. Aber bis auf sie und ihre Mutter Jidetti spricht niemand in unserer Familie mehr die Sprache, was allerdings ganz gut für die beiden ist: Wann immer sie heute etwas zu besprechen haben, was wir Kinder nicht mitbekommen sollen, switchen sie einfach auf Saho, und keiner außer den beiden weiß, worum es gerade eigentlich geht.

Jedenfalls wurde Mama in Massaua geboren, einer eritreischen Hafenstadt mit ungefähr 45.000 Einwohnern im Norden des Landes, direkt an der Küste des Roten Meeres. Ihr Vater Jedu war ein einfacher Hafenarbeiter. Gemeinsam mit vielen anderen Männern wartete er am Pier auf einlaufende Schiffe, die Waren aus anderen Ländern über den Seeweg brachten, und half anschließend, die Boote zu entladen. Seine Frau, also meine Oma Jidetti, war Hausfrau – so wie eigentlich alle Frauen in muslimischen Haushalten zu der Zeit. Mama war das zweitälteste von vier Kindern. Erst kam Jemal und dann meine Mama auf die Welt. Danach folgten Musa und Salih. Klingt erst mal nach einem ganz normalen Leben in einem nordafrikanischen Land – bis mit einem Mal die Angriffe begannen und der eritreische Unabhängigkeitskrieg ausbrach.

Die Äthiopier kamen mit Schiffen über das Wasser und

griffen das Festland an. Als noch am gleichen Tag die ersten Luftangriffe starteten, beschlossen viele Bewohner von Massaua, darunter auch meine Großeltern mit Mama, Salih, Musa und Jemal, vor den Angriffen ins Landesinnere zu fliehen. Zu Fuß ging es unzählige Kilometer durch das Land, bis an die Grenze zu Äthiopien.

Ursprünglich war der Plan, dort nur so lange auszuharren, bis die Angriffe vorbei wären: ein, zwei oder vielleicht drei Tage zu bleiben und dann wieder in die Stadt zurückzukehren. Aber weil die Angriffe weiter andauerten, wurden aus ein paar Tagen erst eine Woche und schließlich zwei ganze Monate. Mama und ihre Familie lebten in ständiger Angst vor Luftangriffen. Jedes noch so kleine Licht, das in der Nacht zu sehen war, und jede unachtsame Bewegung waren ein Signal für die Kampfjets und ihre Raketen. Dazu kam, dass es ständig regnete und viele der Menschen, die mit Mama und ihrer Familie ebenfalls aus Massaua geflohen waren, krank wurden.

Nach Massaua zurückzukehren, war angesichts der andauernden Angriffe keine Option, weshalb meine Großeltern beschlossen, mit ihren Kindern nach Tsorona, in den Geburtsort Jedus, weiterzuziehen. Jedu hatte selbst kaum Erinnerungen an den Ort und kannte dort niemanden mehr. Aber alles schien aussichtsreicher, als weiter an einem ungeschützten und nassen Fleckchen Erde in der Wüste auf ein Ende des Krieges zu hoffen.

Nun schien Tsorona im ersten Moment nach der Ankunft zwar ein sicherer Ort zu sein, war aber letzten Endes immer noch ein eritreisches Dorf im Nirgendwo – und das dort stattfindende Leben auf dem Land ein himmelweiter Unterschied zu dem, was Jidetti, Jedu und ihre Kinder aus der Stadt kannten.

Als der Bürgerkrieg schließlich auch vor Tsorona keinen Halt mehr machte, fassten meine Großeltern einen Entschluss: Sie würden nicht weiter von einem Ort in den nächsten fliehen. Erst recht nicht mit vier kleinen Kindern im Schlepptau. Jedu und Jidetti beschlossen, ihr Heimatland Eritrea hinter sich zu lassen und mit ihrer Familie in den Sudan zu fliehen.

Nun ist Eritrea nicht gerade klein. Die Grundfläche von 120.000 Quadratkilometern entspricht ungefähr der Größe von Bayern, Baden-Württemberg und Thüringen zusammen. Eine Flucht von dort in den Sudan unternimmt man also nicht mal eben so. Schon gar nicht zu Fuß und mit vier Kindern.

Der Weg in den Sudan dauerte ewig. Wenn die sechs Glück hatten, wurden sie hier und da ein paar Hundert Kilometer per Anhalter mitgenommen. Dann ging es wieder zu Fuß weiter. Bald wurde nicht nur das wenige Geld, das Jedu gespart hatte, sondern auch das Essen knapp. Mama und ihre Familie überlebten die Reise nur, weil sie auf dem Weg immer wieder hilfsbereite Menschen trafen, die ihnen Nahrung oder einen Schlafplatz anboten. Nach unzähligen Tagen erreichten meine Großeltern, Mama und ihre drei Brüder schließlich den Sudan.

In Bur blieb die Familie ungefähr zwei Jahre. Jedu suchte sich Arbeit, Jidetti zog ihre Kinder weiter groß. Aber wirklich angekommen waren die sechs immer noch nicht. Jedu ging nach Kuwait-City. Von dort schickte er Jidetti und den vier Kindern ein Visum, und sie kamen nach.

In Kuwait angekommen, wurde Mama, die gerade fünfzehn war, im Grunde gleich mit Habib, dem Sohn eines Freundes der Familie, verheiratet. Der Grund für die schnell arrangierte Ehe war der Krieg in Eritrea, weshalb jeder, der kämpfen konnte, ins Militär eingezogen wurde. Auch Minderjährige, und zwar nicht nur Jungs, sondern auch Mädchen. Musa war schon eingezogen worden, und Salih sollte das gleiche Schicksal ereilen. Um Mama zu schützen, blieb nichts anderes als die Heirat mit Habib. Habib arbeitete in Kuwait als selbstständiger Schreiner und Zimmermann. Er baute Möbel jeder Art, von Sofas bis Betten. Das Geschäft lief gut, aber nachdem Mama und er geheiratet hatten, wechselte er den Beruf. Von da an fuhr er mit einem Kühllastwagen von Stadt zu Stadt durch das ganze Land und lieferte Obst an Supermärkte aus.

Nach sieben Monaten Ehe wurde Mama zum ersten Mal schwanger, verlor jedoch das Kind. Zwei Jahre später wurde schließlich meine große Schwester Hannan geboren. Zehn Monate später kam mein großer Bruder Ramadan auf die Welt.

Weil Mama mittlerweile eine Familie gegründet hatte und somit versorgt war, mussten meine Großeltern sich nur noch um Mamas Brüder kümmern, die vom Militär eingezogen worden waren. Also flohen Jedu und Jidetti nach Bologna in Italien, wo sie als Gastarbeiter Geld verdienten. Geld, das sie Salih und Musa zukommen ließen, die damit ihre Flucht nach Italien realisieren konnten. Als beide Söhne in

Italien angekommen waren, reiste Jedu zurück nach Kuwait, während Jidetti mit ihren beiden Söhnen nach Deutschland floh, weil sie gute Connections in die hier lebende eritreische Community hatte. Außerdem war Jidetti der Meinung, dass die beiden eine vernünftige Schule besuchen sollten. In Deutschland angekommen, zogen sie in eine Wohnung im Wuppertaler Stadtteil Dasnöckel. Jedu kam ein paar Jahre später nach.

Jidetti schwärmte Mama ständig von ihrem Leben in Deutschland vor. Vor allem davon, dass Salih und Musa dort problemlos einen Platz in Kindergarten und Schule bekommen hatten. Also beschlossen meine Eltern 1986, mit ihren beiden Kindern Hannan und Ramadan für einen Besuch nach Deutschland zu kommen. Einfach um mal zu schauen, wie es hier so war. Um das zu ermöglichen, musste Jidetti ihrer Tochter eine Einladung schicken, und dem Besuch stand nichts mehr im Wege.

Mama fühlte sich gleich wohl, aber Habib gefiel es nicht. Er war schon Mitte dreißig, und sich in dem Alter auf eine komplett ungewohnte und neue Situation einzulassen, fiel ihm schwer. Er konnte kein Deutsch, hatte keine Arbeit und hätte sich in allen Belangen auf seine Frau und deren Familie verlassen müssen. Für diese Art von Abhängigkeit war er nicht gemacht. Sein Ego und sein Sturkopf standen ihm dafür einfach zu krass im Weg. Noch dazu sein Glaube, vielleicht auch Erfahrungen mit Rassismus oder eventuell das Klima. Am Ende war es sicher ein Mix aus all diesen Dingen, der dafür sorgte, dass er es nach vier Monaten nicht mehr aushielt und mit Mama und meinen beiden Geschwistern in ihr altes Leben nach Kuwait zurückkehrte. Dort kamen zwei weitere Jahre später, am 24. Dezember 1988, erst ich und anderthalb Jahre später mein kleiner Bruder Mohamed auf die Welt.

Von Eritrea nach Kuwait-City

Ich will ehrlich sein: Meine Erinnerungen an unsere Zeit in Kuwait-City sind praktisch nicht vorhanden. Ich war einfach noch zu jung. Aber Hannan und Ramadan erinnern sich sehr gut und erzählen oft davon, wie es war, in dieser Stadt aufzuwachsen.

Während Habib seinem Job als Fernfahrer nachging, war Mama mit meinen Geschwistern und mir zu Hause. Sie kochte für uns und kümmerte sich um den Haushalt. Wir wohnten in einem Mehrfamilienhaus in einer ziemlich großen Dreizimmerwohnung. Wobei man sich das alles nicht wie in Deutschland vorstellen darf. Die Häuser in Kuwait waren allesamt im orientalischen Stil gebaut, dazu in die Jahre gekommen und mitunter schon kaputt oder sogar in sich zusammengefallen.

Unsere Wohnung war hingegen recht schön. Von einem langen Flur gingen insgesamt drei Zimmer ab. Eins für Mama und Habib, eins für die Kinder und ein Wohnzimmer.

Außerdem gab es eine geräumige Küche, die aber natürlich nicht mit Hightech-Geräten eingerichtet war. Ebenso wenig das Badezimmer: Statt einer Toilette mit Spülung gab es nur ein Plumpsklo.

Auch die Möbel hatten weniger mit dem zu tun, was man hierzulande aus dem IKEA-Katalog und jeder zweiten Wohnung kennt. Unsere Einrichtung war alles in allem um einiges rustikaler. Es gab keine Schränke, sondern Regale. Es gab keine Sofas, sondern Sitzecken mit Polstern auf dem Boden. Wir hatten einen Fernseher und eine Stereoanlage, aber das war's. Alles eher minimalistisch. Was es hingegen gab, waren prunkvolle Accessoires und glitzernder und goldener Dekokram, wie er in arabischen Haushalten einfach typisch ist. An den Wänden hingen Schriften aus Mekka.

Für Habib war klar: Mama ist die Frau, die zu Hause ist, um sich dort um alles zu kümmern. Das war ihr Job. Ramadan und Moe durften nicht in die Küche. Wenn sie Hunger hatten, haben sie das gesagt, und meine Mama, meine Tante oder meine Cousinen haben sich darum gekümmert. Die klassische Rollenverteilung wurde auch mir und Hannan so beigebracht. In den ersten Jahren wurde ich wie eine Prinzessin behandelt – und wenn ich alt genug war, hätte ich eine andere Rolle übernehmen müssen. Nämlich die, die meine Mutter uns all die Jahre vorgelebt hatte. Wenn Habib nicht zu Hause war, war Ramadan der Mann im Haus.

Ramadan war schon sehr früh von mir genervt und erinnert sich vor allem an eine Geschichte, die er mir oft erzählt: Mama war einkaufen und wir alleine zu Hause. Er öffnete die Wohnungstür und meinte zu mir: »Geh mit Gott!« Mein Bruder wollte mich einfach aus unserer Wohnung im dritten Stock ins Treppenhaus krabbeln lassen! Zum Glück kam

Mama gerade die Treppe hoch. Ramadan war auch für meinen ersten Haarschnitt verantwortlich. Immer, wenn unsere Mutter nicht da war, hat er mir mit der Schere ein neues Loch in meine Haare geschnitten. Einmal hat er mir sogar eiskalt einen Vokuhila verpasst. Zum Glück war ich erst ein oder zwei Jahre alt. Aber damit er irgendwann damit aufhörte, wurden meine Haare komplett abgeschnitten.

Ramadan war wirklich der Teufel. Er machte meiner Mama als Kind mehr als einmal das Leben zur Hölle. Ramadan trieb sie zur Weißglut. Er ließ sich nichts sagen. Er war nicht einfach nur neugierig, sondern hatte überkrass viel Energie. Manchmal verprügelte er uns, dann stiftete er Fitna – und manchmal versuchte er sogar, die Schuld auf unseren kleinen Bruder Moe zu schieben. Dabei konnte der noch nicht mal sprechen! Hier in Deutschland hätte man ihn vermutlich mit ADHS diagnostiziert. Aber bei uns hieß es einfach, er sei vom Teufel besessen.

Das Krasse: Bei Habib war das nicht so. Wenn der nach einer langen Fahrt wieder nach Hause kam, behandelte er Ramadan wie einen König. Wenn Mama Ramadan dann bei Habib verpfiffen hat, gab's für ihn keinen Abriss. Die beiden hatten ohnehin eine besondere Beziehung: Ramadan begleitete Habib manchmal sogar auf seinen Reisen. Er fuhr tagelang mit ihm durch das komplette Land. Tagsüber saßen sie zusammen in der Führerkabine und bretterten über die Autobahn, nachts schliefen sie unter dem Wagen.

In Kuwait war es eigentlich das ganze Jahr über extrem heiß. Draußen herrschten die meiste Zeit Temperaturen von weit über vierzig Grad, weshalb wir die Zeit bis zum

Nachmittag meist in der von der Klimaanlage gekühlten Wohnung verbrachten. Wenn es etwas kühler wurde, durften wir endlich vor die Tür.

In der direkten Nachbarschaft lebte Habibs Bruder mit seiner Familie, weshalb wir jeden Tag mit unseren sechs Cousinen und Cousins spielen konnten. Spielplätze, Handys, Konsolen gab es nicht. Aber wir wussten uns auch so die Zeit zu vertreiben. Ramadan war der Anführer unserer Geschwister-Gang. Er entschied, was wir spielten – und wir machten einfach mit. Wir zockten mit dem Ball, liefen rum und unterhielten uns – oder wir spielten die Spiele, die wir von unseren Eltern und Großeltern beigebracht bekommen hatten. Ein Spiel von Jidetti ging so: Man legte ein paar Steine vor sich auf den Boden, dann nahm man einen der Steine, warf ihn in die Luft, griff den nächsten Stein und versuchte, den Stein, der gerade wieder zu Boden fiel, mit dem anderen Stein aufzufangen. Das tat man so lange, bis man alle Steine auf einem Stapel in der Hand balancierte.

Wir blieben beim Spielen immer in der Nähe unseres Hauses. Einfach um die nächste Straßenecke zu verschwinden, war ein Ding der Unmöglichkeit. Grenzen austesten auch. Wir wussten, was uns sonst erwartet: körperliche Bestrafung jeder Art. Der Undercover-Ninja-Latschenwurf von Mama war da noch das Harmloseste. Den gab es immer mal wieder, und er war eigentlich gar keine Bestrafung, sondern eher eine Challenge, bei der man beweisen konnte, dass man den fliegenden Schuhen schnell genug ausweichen konnte.

Schlimmer war es in der Koranschule, in die wir jeden

Samstagvormittag gingen. Dort gab es vom Hodscha mit einem Stock Schläge auf die Handinnenflächen, oder man musste sich in auf dem Boden verstreuten Reis knien und ausharren. Etwas, das ich sogar noch in Deutschland in der Koranschule erlebt habe. Aber nach Hause gehen und Mama davon erzählen? Kam nicht infrage! Die Antwort wäre sowieso nur »Selbst schuld!« gewesen – und hätte gleich die nächste Strafe folgen lassen. Eine Sache, die ich schon früh lernte, war, das Gesetz des Älteren zu respektieren. Das besagte: Der Ältere hat recht. Ende der Diskussion. Wir hatten einen ganz natürlichen Respekt vor dem Alter – ganz egal, ob es vier Monate oder dreißig Jahre waren, die uns von unserem Gegenüber trennten. Wenn wir draußen spielten und ein älterer, fremder Mann meinte: »Was macht ihr hier, geht nach Hause!«, dann mussten wir nach Hause gehen. Einfach weil er älter war und das Sagen hatte. Genauso hatte man älteren Leuten beim Tragen ihrer Einkäufe zu helfen. Das war ganz normal. Das Helfen beim Tragen war eher den Jungen vorbehalten, die Mädchen mussten dafür schon früh in der Küche helfen. Wobei das gleichzeitig auch ein religiöses Ding war. Denn in Kuwait war Religion allgegenwärtig. Die Bevölkerung ist überwiegend muslimisch, und der Islam ist die Staatsreligion. Die Moscheen, die Gebetsrufe, die anschließenden Gebete zu bestimmten Zeiten, in denen das ganze Land knocked out war – man wurde einfach von morgens bis abends an den Glauben erinnert. Religion und vor allem auch die damit einhergehende Gottesfurcht waren allgegenwärtig.

Mama, Habib, Jidetti, Jedu, sämtliche Nachbarn – im

ganzen Land gab es niemanden, der nicht gläubig war. Wenn man zu den festen Gebetszeiten nicht alles stehen und liegen ließ, mal nicht mitbetete, wurde man gleich gefragt, was der Grund dafür sei. Aber die Religion äußerte sich nicht nur im ständigen Niederknien und Beten. Wenn wir Nachrichten schauten und irgendwo schlimme oder auch schöne Dinge passierten, begründete meine Mutter das immer mit dem Koran und zitierte eine zutreffende Stelle.

Als Kind verstand man das Konzept der Religion noch gar nicht. Aber wenn die eigenen Eltern und Großeltern, die einem auch sonst alles beibringen und das Leben erklären, den Glauben mit all seinen Aspekten vorleben, macht man es nach. Klar, dass Islam und Koran auch in unserer Erziehung eine große Rolle spielten.

Ich habe zum Beispiel bis zu meinem siebten Lebensjahr nicht gelogen. Denn immer, wenn Mama den Verdacht hatte, dass meine Geschwister oder ich lügen, mussten wir auf Gott schwören, dass unsere Antwort der Wahrheit entsprach. Eine Lüge würde umgehend von Allah bestraft werden. Also schworen wir natürlich alle, was das Zeug hielt. Irgendwann merkte ich, dass Allahs Strafe für mein Fehlverhalten ausblieb, und log immer öfter. Wenn meine Geschwister oder ich eine Story erzählen, die an den Haaren herbeigezogen klingt, ruft Mama noch immer jedes Mal: »Sag Wallah!«

Die Flucht nach Deutschland

Als Hannan sechs Jahre alt wurde, kam sie ins schulpflichtige Alter. Also zog Mama auf der Suche nach einem Schulplatz mit ihr durch die ganze Stadt. Zur selben Zeit brach der Zweite Golfkrieg aus. Am 2. August 1990 überfiel der Irak Kuwait. Weil Eritrea sich auf die Seite des Irak stellte, war es für unsere eritreische Mama in Kuwait unmöglich, einen Schulplatz für Hannan zu bekommen. Schlimmer noch: Wir sollten das Land so schnell wie möglich verlassen. Mit vier Kindern, die nach und nach alle eine Schule besuchen sollten, aber praktisch nicht durften, sah Mama für uns keine Perspektive mehr. Das war der Moment, in dem Mama beschloss, mit uns nach Deutschland zu kommen und dieses Mal auch zu bleiben. Für dieses Vorhaben konnte Jidetti natürlich nicht erneut eine Einladung schicken. Also flog Mama mit uns in die Türkei und organisierte von dort über Connections eine Möglichkeit, mit dem Bus illegal nach Deutschland einzureisen.

Um den Flug bezahlen zu können, verkauften wir alles, was wir hatten: Schmuck genauso wie Möbel. Habib beschloss derweil, nachzukommen. Also trat Mama, die zu dem Zeitpunkt gerade einmal vierundzwanzig Jahre alt war, die Reise mit uns vier Kindern an. Ramadan und Hannan erzählen mir oft, dass für sie in dem Moment gar nicht klar war, was eigentlich genau passierte. Mama sagte ihnen nur, dass wir unsere Großeltern in Deutschland besuchen würden. Dass wir dort nicht nur für ein paar Wochen, sondern ein ganzes Leben lang bleiben wollten, verriet sie nicht.

Mit dem Flugzeug ging es in die Türkei, von dort aus fuhren wir mit einem Minibus weiter. Alles, was wir dabeihatten, waren ein paar Koffer mit Klamotten und ein Zettel, auf dem die Adresse von Jidetti und Jedu notiert war. Moderne Kommunikationsmittel gab es damals ja noch nicht. Mama erzählt heute noch davon, wie anstrengend und schrecklich die Fahrt für sie, aber auch für uns war. Eingepfercht in einen kleinen Bus, der auf seiner Fahrt ein fremdes Land nach dem anderen passierte, auf ihrem Schoß und dicht an sie gedrängt ihre vier ängstlichen Kinder.

Nach zwei oder drei Tagen endloser Busfahrt durch halb Europa erreichten wir schließlich Wuppertal. Gleich nach unserer Ankunft fing es dort an zu schneien. Für uns war das ein Schock. Vor ein paar Tagen waren es in Kuwait noch gut fünfzig Grad gewesen. Hier in Deutschland hatten wir plötzlich Temperaturen knapp über dem Gefrierpunkt, und aus dem Himmel fielen weiße Flocken auf die Erde, die den Boden bedeckten. So etwas hatten wir noch nie gesehen, geschweige denn berührt.

Die ersten Wochen verbrachten wir bei Jidetti und Jedu, die mit Mamas Brüdern in einer kleinen Dreizimmerwohnung im vierten Stock eines Plattenbaus in Wuppertal-Vohwinkel lebten. Aber dort blieben wir nur so lange, bis uns ein Platz in einem Asylheim in Oberhausen zugeteilt wurde. Also zogen wir im tiefsten Winter von der einen fremden Stadt in die nächste. Der Schnee lag fast einen halben Meter hoch. Selbst bei strahlendem Sonnenschein hätte Mama es nicht geschafft, mit uns vieren und dem ganzen Gepäck alleine nach Oberhausen umzuziehen. Also stapften wir mit der Hilfe von Jidetti und auch Salih mit Sack und Pack und diversen Kinderwagen durch den Schnee bis zum Bahnhof, nahmen den Zug nach Oberhausen und kämpften uns auch dort wieder durch den Schnee – nur um am Ende vor einem heruntergekommenen Haus mit eingeschlagenen Scheiben zu stehen, in dem wir zum Glück nicht lange blieben, weil es bereits wenig später in ein Asylheim nach Düsseldorf ging.

Nach zig Reisen durch halb Nordrhein-Westfalen kamen wir Ende 1991 wieder zurück nach Wuppertal, was gut war: Schließlich waren wir so wieder deutlich näher bei Jidetti, Jedu und unseren anderen Verwandten. Das Asylheim, das uns dort zugeteilt wurde, befand sich in Sudberg, einem von sieben Wohnquartieren im Stadtbezirk Cronenberg. Wobei Stadtbezirk eigentlich übertrieben ist. Sudberg befindet sich im südlichsten Teil von Wuppertal, ja, eigentlich schon gar nicht mehr in Wuppertal, sondern wirklich am sogenannten Arsch der Welt.

Vom Hauptbahnhof fuhr man mit dem Bus eine gute Stunde bis zur allerletzten Haltestelle. Und von der Endstation ging es noch mal gute zwanzig Minuten zu Fuß durch den Wald, bis man schließlich das Asylheim erreichte. Neben dem Heim befand sich eine Pferdekoppel, dahinter gab es nur Felder und Wiesen. Hier lebten Mama, Hannan, Ramadan, Moe und ich – und diese ganzen anderen Menschen aus aller Herren Länder, die neu in Deutschland waren. Alle froh, nicht mehr dort zu sein, wo sie herkamen, aber trotzdem noch nicht richtig angekommen. Alle zusammen an den äußersten Stadtrand von Wuppertal verfrachtet.

Auch dort blieben wir zum Glück nicht allzu lange. Anfang 1992 zogen wir ein paar Hundert Meter weiter nach Hintersudberg, wo uns die Stadt Wuppertal eine Zweizimmerwohnung zur Verfügung stellte. Allerdings nicht für uns alleine. In einem der beiden Zimmer, die jeweils höchstens zwölf Quadratmeter groß waren, lebten meine Mutter und wir vier Kinder, in dem Raum nebenan eine andere alleinerziehende Mutter aus Eritrea mit ihren drei Kindern. Die Küche und das Badezimmer mussten wir uns teilen.

Nach dieser endlosen Tour von Asylheim zu Asylheim durch halb Nordrhein-Westfalen beschlossen meine Großeltern, dass es so nicht weitergehen konnte. Damit die Odyssee ein Ende hatte, holten sie uns kurzerhand wieder zu sich nach Wuppertal-Dasnöckel. War die Wohnung vorher für Jidetti, Jedu, Salih und Musa schon nicht gerade groß gewesen, wurde es mit uns fünf neuen Mitbewohnern noch enger – doch immer noch besser, als weiter von einem Asylheim zum nächsten zu ziehen.

An Privatsphäre war in unserer neu gegründeten Wohngemeinschaft nicht zu denken. Aber die wollten wir auch gar nicht haben. Als Kind ist einem so was doch total egal. Im Gegenteil: Für mich gab es nichts Cooleres, als mit meiner Familie auf engstem Raum zu wohnen. Ich checkte gar nicht, dass wir arm waren. Ich erinnere mich vielmehr daran, dass die Wohnung total gemütlich eingerichtet war: Überall lagen Teppiche auf dem Boden, auf denen wir nicht nur gut sitzen und liegen konnten, sondern die uns auch schützten, wenn wir beim Rumlaufen oder Toben hinfielen. Die Wohnung war genau wie damals in Kuwait-City sehr orientalisch eingerichtet. An den Wänden hingen ein Gebetsbuch und Teller mit Suren.

Die Ausstattung war eher spartanisch. Die wenigen Möbel, die es gab, waren vom Sozialamt gestellt worden und stammten aus Haushaltsauflösungen. Manches wurde uns von der eritreischen Community zur Verfügung gestellt, die immer sehr darum bemüht war, Neuankömmlinge in Deutschland mit dem Notwendigsten zu versorgen. Möbel, Haushaltsgegenstände und Klamotten bekam man geschenkt oder tauschte sie. Vieles war schon benutzt und nicht das Neuste vom Neusten. Aber es reichte uns. Neben Betten, Tischen, Sofas und Sesseln standen im Wohnzimmer eine riesengroße Schrankwand, ein massiver Wohnzimmertisch und ein Plattenregal – inklusive Plattenspieler und richtig vielen Schallplatten.

Damit genug Platz für uns alle war, arrangierten wir die Wohnung ein bisschen um. Zwei der drei Zimmer wurden zu Schlafzimmern gemacht. In einem schliefen Jidetti und Jedu, in dem anderen der Rest der Familie. Damit alle Platz hatten, legten wir den Raum komplett mit Matratzen aus. Er diente uns als Schlaf-, tagsüber auch als Spielzimmer, in dem wir herumtobten und Saltos machten, weil wir uns dank des gepolsterten Bodens dabei nicht wehtun konnten.

Außerdem erinnere ich mich daran, dass es trotz der vielen Leute, die in der Wohnung lebten und aßen, immer extrem ordentlich und sauber war. Jidetti und Mama achteten penibel darauf, dass jeder Ordnung hielt und seinen Dreck sofort wegputzte. Das war auch in den Asylheimen schon unsere Regel gewesen. Mama hielt die Räume immer sauber. So hält sie es bis heute.

Jidettis und Jedus Wohnung befand sich in Dasnöckel im Wohnquartier Höhe, das wiederum zum Stadtteil Vohwinkel gehört. Die Gegend bestand aus unzähligen Plattenbauten: ein grauer Betonklotz neben dem anderen, sechs Stockwerke, auf jeder Etage vier Wohnungen, in denen Familien aus aller Welt wohnten. Dasnöckel war richtig Multikulti: Um uns herum wohnten Pakistanis, Polen, Afghanen, Russen, Marokkaner, Kenianer – alles bunt durchmischt. Das Schöne war, dass es keine Gruppierungen gab, wie man sie heute häufig erlebt, in denen jede Nationalität nur unter sich ist und ihr eigenes Süppchen kocht. Selbst die wenigen Deutschen, die es in Dasnöckel gab, waren Teil der Community. Alle hingen miteinander rum, niemand wurde ausgeschlossen. Keiner konnte richtig Deutsch, aber man konnte sich trotzdem verständigen. Viele hatten keinen Job, oder ihnen fehlte die notwendige Arbeitserlaubnis. Wenn doch jemand Geld verdiente, dann schwarz. Die Frauen mit Putzen, die Männer als Monteure auf dem Bau. So oder so: Keiner war wohlhabend, niemand hatte viel, aber man half sich gegenseitig, wo man konnte, und somit ging es allen gut. Es mag ein wenig blöd klingen, aber es waren wirklich alle gleich – weil alle gleich arm waren.

Da die Community so zusammenhielt, konnten wir uns draußen frei bewegen. Es war klar, dass man aufeinander aufpasste. Genauso, wie es für uns ein ungeschriebenes Gesetz war, sich um seine Geschwister zu kümmern, wenn man alt genug war – und wenn es nicht die eigenen Geschwister waren, dann eben die Nachbarskinder.

Wir verbrachten viel Zeit an der frischen Luft. In den Neunzigern schneite es noch regelmäßig, weshalb Wuppertal als hoch gelegene Stadt in den ersten Wintern nach unserer Ankunft in Deutschland immer komplett weiß war. Weil wir natürlich kein Geld für Schlitten oder Bobs hatten, rutschten wir auf Plastiktüten die Hügel hinunter. Eigentlich waren die Plastiktüten sowieso viel besser als die Schlitten oder Bobs: Man war schneller und musste anschließend keinen schweren Schlitten den Berg hinaufziehen. Irgendwann organisierte Jidetti aber trotzdem von einer Familie, bei der sie undercover putzte, einen Schlitten für uns, den wir uns seitdem teilten.

Auch im Sommer fand das Leben für uns draußen statt. Im Grunde sah jeder Tag gleich aus. Egal, wann man vor die Tür ging: Irgendein Kind aus der Nachbarschaft war schon da. Auf dem Spielplatz vor dem Haus spielten wir Verstecken, hielten die Nachbarhäuser mit Klingelstreichen in Trab oder bettelten Jedu um fünfzig Pfennig oder eine Mark an, um uns beim Eiswagen ein oder zwei Kugeln zu kaufen. Wir teilten alles – egal ob Fahrrad, Schippe oder Fußball. Wie die Großen waren auch wir Kinder eine richtige Gemeinschaft.

Gute Zeiten, schlechte Zeiten

Der Fernseher war ein zentrales Element in unserer Wohnung. Natürlich wollte jeder ganz unterschiedliche Sendungen sehen. Aber für eine Show versammelten wir uns alle gemeinsam im Wohnzimmer vor dem TV-Gerät: »Gute Zeiten, schlechte Zeiten«. Um 19:38, also kurz bevor es losging, wurde die Satellitenschüssel herumgedreht, damit wir statt den arabischen Sendern oder NBC die deutschen Kanäle empfangen konnten. Dann ging es los.

»Gute Zeiten, schlechte Zeiten« war die Sendung, die wir von der ersten Folge an als gesamte Familie verfolgten. Zwischendurch erklärten wir Mama immer wieder die Handlung. Aber wenn sich geküsst wurde, mussten wir uns gegenseitig die Augen zuhalten. Nur Ramadan und Moe guckten weiter! Wenn »GZSZ« vorbei war, wurde die Schüssel wieder umgedreht, und Mama begann mit Jidetti über die gerade gesehene Folge zu diskutieren. Meine Mutter hatte schon nur die Hälfte verstanden, aber Jidetti verstand noch weniger. Und doch war die Serie ein Ritual für uns.

In Deutschland war vieles anders. Wegen des völlig anderen Klimas bekam meine Mama schlimme Akne – als erwachsene Frau mit fünfundzwanzig! Meine Mutter hatte bis dahin eine total reine Haut gehabt und eigentlich nur am Tag ihrer Hochzeit Make-up getragen. Aber mit einem Mal hatte sie richtige Krater im Gesicht. Jahrelang lief sie von einem Hautarzt zum nächsten, probierte verschiedene Cremes – aber nichts half. Zudem litt sie zeitweise sehr unter einer Nierenkrankheit.

Mama vermisste ihre Heimat. An Telefonate mit unseren Verwandten war allerdings nicht zu denken. Wir hatten zwar ein Telefon, die Anrufe waren aber viel zu teuer. Schlau, wie Mama war, wusste sie sich zu helfen: Wir nahmen einfach Kassetten auf. Mama trommelte alle im Wohnzimmer zusammen, wo wir uns um einen Rekorder versammelten – und dann ging es los: Erst begrüßte sie alle Verwandten, für die das Tape bestimmt war, und erkundigte sich anschließend, wie es jedem einzelnen ging. Dann wurde jeder von uns mit seinem Namen aufgerufen. Nacheinander mussten wir näher an das Gerät herantreten und eine Sure sprechen, ehe wir auch ein bisschen von uns erzählen durften. Am Anfang checkte ich das noch gar nicht richtig und war total schüchtern, aber nach und nach ging ich immer mehr aus mir heraus. Moe genauso. Als er jünger war, musste man ihn hin und wieder kneifen, damit er ein Lebenszeichen von sich gab, während er später in einer Tour laberte.

Anschließend wurde die Kassette per Post verschickt, und ein paar Wochen später landete ein ganz ähnliches Tape in unserem Briefkasten. So ging das über Jahre hin und her. So lange, bis das Telefonieren günstiger wurde. Für zehn Mark konnte man hundert Minuten lang jemanden im Ausland anrufen – wohlgemerkt zusätzlich zu den monatlichen Gebühren für den Festnetzanschluss, die wir sowieso zahlen mussten. Einmal im Monat gönnte sich meine Mutter so eine Karte. Einer von uns musste dann für sie die darauf abgedruckte Nummer anrufen, den Code eingeben und danach die von ihr gewünschte Telefonnummer wählen.

Wenn man die Nummer eingab, lief die Zeit ja schon, weshalb richtig Druck auf der Sache war. Aber auch sonst waren die Anrufe mit viel Stress verbunden. Viele von unseren Verwandten hatten gar keinen eigenen Telefonanschluss: Sie mussten das Telefon von Nachbarn oder Freunden benutzen. Meine Mutter war an bestimmten Tagen und zu bestimmten Uhrzeiten mit ihnen verabredet. Auch dann saßen wir wieder alle zusammen im Wohnzimmer und wurden nacheinander an den Telefonhörer geholt, um kurz unsere Namen zu sagen und davon zu erzählen, wie es uns ging. Das war ein richtiges Happening, bei dem auf beiden Seiten der Leitung Tränen flossen.

Aber Mama vermisste nicht nur ihre Verwandten. Ich denke, sie vermisste auch ihre Selbstständigkeit. Mama war eine Frau gewesen, die auf eigenen Beinen gestanden hatte. Aber in Deutschland war sie mit einem Mal auf uns angewiesen. Schließlich verstanden wir die Sprache einfach besser. War sie bis dahin unser Hirte gewesen, so mussten wir plötzlich ihre Rolle einnehmen, für die wir noch viel zu jung waren.

In einem durchschnittlichen deutschen Haushalt müssen sich die Kinder bis ins Teenageralter um gar nichts kümmern. Und wenn doch, geht es vermutlich eher selten um den Status des Aufenthaltstitels oder um ausstehende Mieten. Aber in unserer Familie war ein Problem von Mama oder Jidetti und Jedu immer auch ein Problem von uns Kindern. Und das hieß, dass wir es gemeinsam lösen mussten – auch wenn wir für solche Erwachsenenthemen eigentlich noch viel zu jung und oft total überfordert waren.

Zum Beispiel wurde Moe in jungen Jahren häufig krank. Als er einmal besonders hohes Fieber bekam, ging Mama mit uns und ihm zum Kinderarzt, der Tabletten und Zäpfchen verschrieb und außerdem kalte Umschläge empfahl. Was Moe genau hatte oder die nächsten Schritte waren, verstanden weder Mama noch wir. Sie, weil sie nicht gut genug Deutsch sprach – und wir, weil ein Arzt mit Kindern natürlich ganz anders als mit Erwachsenen redet.

In der Nacht sank Moes Temperatur auf einmal rapide, und er bekam schwarze Punkte am ganzen Körper. Also gingen wir wieder mit ihm zum Arzt. Der untersuchte Moe gar nicht erst, sondern schickte uns sofort ins Krankenhaus. Denn Moe hatte eine Blutvergiftung erlitten. Als wir im Krankenhaus ankamen, sagte der Arzt, dass Moe bereits tot sei. Weil zu viel Zeit verstrichen war, hatte er Untertemperatur. Es gab ein riesiges Theater, Mama war mit den Nerven am Ende. Mein Onkel, der mittlerweile dazugekommen war, auch. Nach einer Stunde kam einer der Ärzte zu uns und erklärte, dass Moe nun auf der Intensivstation liege und künstlich beatmet werde. Sie würden alles tun, was in ihrer Macht stehe, um ihn wieder gesund zu machen.

Moe verbrachte drei Monate auf der Intensivstation. Er

erholte sich, musste aber anschließend noch drei weitere Monate im Krankenhaus bleiben. Weil es kein Zimmer für ihn gab, musste er in einem Bett auf dem Flur schlafen. Tagsüber blieb Mama bei ihm, während Jidetti sich um uns kümmerte. Abends kam Mama zu uns, damit Jidetti ins Krankenhaus gehen und nach Moe schauen konnte. Als Moe endlich entlassen wurde, konnte er nicht mal mehr laufen und saß die ersten Wochen in einem Rollstuhl. Er musste das Gehen wieder lernen.

All diese Dinge aus nächster Nähe mitzubekommen, macht natürlich etwas mit einem und sorgt dafür, dass man schon in frühen Jahren extrem selbstständig wird und im Blick hat, um was man sich kümmern muss. Hannan las uns immer vor, und Ramadan war für die Einkäufe zuständig. Das ist bis heute so. Mein Bruder Moe wohnt in Hannover und schaut regelmäßig bei Mama vorbei, Hannan kümmert sich um die Technik, wenn das Modem mal nicht geht, und Ramadan und ich checken die Finanzen.

Darüber sprachen wir nie, es war einfach so, und jedem war bewusst, was er zu dieser Familie beizutragen hatte. Das wurde noch intensiver, als wir checkten, dass Mama arbeiten gehen musste. Etwas, das davor nie der Fall gewesen war. Aber plötzlich war es so, dass Mama uns in die Schule schickte und niemand da war, wenn wir nach Hause kamen – manchmal bis um acht Uhr abends. Wir waren für uns selbst verantwortlich und verstanden, was unsere Rollen waren.

Wenn ich das heute mit dem Leben meiner Nichte vergleiche, ist das ein krasser Unterschied. Lilly wird niemals mit diesen Erwachsenenthemen belastet werden, weil ihre Eltern sich selbst darum kümmern können. Aber ich kannte es nie anders, und in gewisser Weise hat es mich auch zu dem gemacht, was ich heute bin.

Genauso das Aufwachsen in Asylheimen oder in Gegenden wie Dasnöckel. Ich war dort ständig von fremden Menschen umgeben, die ich bis dahin noch nicht gekannt hatte und die zu Bekannten oder Freunden wurden. Wie ein Kind von Hippie-Eltern, das auf ein Festival mitgenommen wird und dort sofort Freunde findet. Ich hätte gar nicht introvertiert werden können. Auch später im Betreuten Wohnen war ich sofort dicke mit allen. Das zieht sich bis heute durch mein Leben, wenn ich neue Leute kennenlerne. Direkt und ohne Vorurteile auf jemanden zugehen, keine Angst haben, Menschenkenntnis, Konflikte ohne Hilfe von außen lösen – all das habe ich definitiv in den ersten Jahren meines Lebens gelernt.

Weil die Wohnung von Jidetti und Jedu am Dasnöckel auf Dauer zu eng wurde, zogen wir 1993 mit Mama wieder in ein Asylheim. Dieses Mal glücklicherweise aber nicht am Arsch der Welt gelegen, sondern in der Pestalozzistraße und somit mitten in der Stadt. Viel komfortabler war es aber auch dort nicht. Unsere Wohnung bestand aus einem einzigen Raum mit zwei Hochbetten, einer Couch und einem Fernseher. Das Zimmer wurde durch eine kleine Trennwand geteilt – auf der einen Seite lebten wir, auf der anderen schliefen wir. Eine Tür gab es nicht.

Moe und ich kamen in den Kindergarten, und Ramadan ging mittlerweile auf die gleiche Schule wie Hannan. Er konnte dank seines ausufernden Fernsehkonsums im Vorjahr zwar gut Deutsch und war auch sonst ein guter Schüler – aber was sich in Kuwait schon angedeutet hatte, war spätestens ab der zweiten Klasse nicht mehr zu leugnen: Ramadan war und blieb der Teufel.

Eine Geschichte über Ramadan erzählt Mama besonders gerne. Gut, vielleicht erzählt sie die Geschichte nicht ganz so gerne. Aber sie beschreibt ganz gut, wie Ramadan zu der Zeit drauf war. Einmal hätte er uns um ein Haar alle verbrennen lassen. Beim Spielen mit seinem besten Freund Bayram war er irgendwie an eine Packung Streichhölzer gekommen. Die beiden schnipsten die brennenden Hölzer in den Gully. Ramadan nahm die restlichen Streichhölzer mit nach Hause, versteckte sich unter der zum Trocknen aufgehängten Wäsche und spielte weiter. Irgendwann meinte Jedu: »Hier riecht es irgendwie verbrannt.« Mama roch nichts. Dann fragte Jedu: »Wo ist überhaupt Ramadan?!« In dem Moment kam er hinter der Wäsche hervor. Hinter ihm Rauchschwaden. Zum Glück war die Wäsche nass …

Er kam einfach nicht zur Ruhe. Weder tagsüber noch in der Nacht. Während alle anderen schliefen, war er wach und hielt uns auf Trab. Mama behauptet heute noch, dass er zu später Stunde deshalb so aktiv war, weil er auch in der Nacht geboren wurde.

Jedenfalls machte Ramadan Ärger, wo er nur konnte. Vor allem auf Hannan hatte er es abgesehen und ärgerte und schlug sie – sogar in der Schule. Nach einem Gespräch mit seinem Klassenlehrer war klar, dass Ramadan zu Jidetti und Jedu ziehen und auf eine andere Schule gehen sollte. Eine schwere Entscheidung für Mama, die ihren ältesten Sohn seitdem nur noch am Wochenende sehen konnte. Aber wir fuhren jeden Freitag durch die komplette Stadt ans andere Ende von Wuppertal, um das Wochenende bei meinen Großeltern und mit Ramadan zu verbringen. Diese Ausflüge nannten wir »Urlaub in Dasnöckel«.

1993 kam auch Habib nach Deutschland. Ich glaube, dass er schnell merkte, wie anders das Leben generell, aber auch unseres, hier war – und dass es nicht zu seinen Vorstellungen von uns als Familie passte. Hinzu kam, dass er hier praktisch noch mal ganz vorne hätte anfangen und sich unterordnen müssen – und das hätte nicht zu ihm gepasst. Meine Mama und wir hatten uns hingegen schon komplett an das Leben in Deutschland gewöhnt, weshalb im Umkehrschluss feststand, dass wir nicht zurück nach Kuwait gehen würden. Zumal Mama ja auch den Vorteil hatte, dass sie nicht alleine war, sondern neben ihren Kindern auch ihre Eltern und ihre Brüder um sich hatte.

Habib wohnte nach seiner Ankunft in Deutschland bei Jidetti und Jedu, weshalb er viel Kontakt mit Ramadan hatte. Die beiden gingen oft spazieren und unterhielten sich. Ramadan nannte diese Ausflüge später immer »Propaganda-Walk«, weil Habib ihn bei diesen Spaziergängen ständig davon überzeugen wollte, wie schön es doch in Kuwait sei. Er hoffte darauf, dass Ramadan anschließend auch Mama davon überzeugen könnte, mit der ganzen Familie wieder zurückzukehren.

Aber Mama hatte ihre Entscheidung längst getroffen. Sie meinte zu ihm, dass sie ihn nicht zu einem Leben in

Deutschland zwingen könne – und wenn er hierbleiben würde, gäbe es ohnehin Streit. Also ging Habib nach drei Monaten wieder zurück nach Kuwait.

Ich war noch viel zu jung, um das überhaupt zu verstehen. Ein paar Jahre später erfuhr meine Mutter davon, dass Habib schwer krank war. Die Nachricht traf mich total unerwartet, und ich fing sofort an zu weinen – und das, obwohl ich ihn ja gar nicht wirklich kannte. Mama und ich waren die einzigen beiden, die ihn anriefen, der Rest weigerte sich, mit ihm zu sprechen. Aber ich konnte nicht anders. Auch wenn ich ihn nicht kannte, tat er mir irgendwie leid. Ich hätte nicht glücklich leben können, wenn er gestorben wäre und wir nicht miteinander gesprochen hätten. Aber ich konnte auch verstehen, dass meine Geschwister da anderer Meinung waren.

Habib wurde glücklicherweise gesund, und 2003 lernten wir uns schließlich kennen, aber es war ein seltsames Treffen. Wenn man seine Kinder sein ganzes Leben noch nicht wirklich gesehen hat, dann verhält man sich meiner Meinung nach ein bisschen anders. Aber Habib tat, als wenn nie etwas gewesen wäre.

Omer-Clan ain’t nuthin’ to fuck with

Zu Mama haben wir alle eine sehr enge Beziehung. Natürlich auch, weil sie mit uns nach Deutschland kam. Das verbindet.

Ich denke manchmal: Mama wäre ein ganz anderer Mensch geworden, wenn sie hier in Deutschland geboren worden wäre. Ein bisschen wie meine Onkel. Die beiden haben Hobbys. Klar, sie engagiert sich in der Community und ist jedes Wochenende auf irgendwelchen Demos oder Veranstaltungen. Und sie backt gerne. Dafür schaut sie sich YouTube-Tutorials an. Aber das sind immer Dinge, die einen Zweck haben. Sie hat sich hier nie so frei entfalten können wie wir oder auch unsere Onkel.

Mama ist übertrieben witzig. Ich habe meinen Humor definitiv von ihr. Mama ist nicht auf den Mund gefallen. Sie ist schlagfertig – und vor allem kann sie richtig gut kontern. Wenn man ihr eine dumme Frage stellte, antwortete sie auf Arabisch mit »Yekhreb betak w beet abouk«, was sinngemäß so viel bedeutet wie »Möge das Haus deines Vaters und auch dein Haus verwüstet werden!«.

Mama hatte immer ihren Platz in der Wohnung. Nämlich auf dem Sofa. Dort durfte niemand außer ihr sitzen. Von da aus feuerte sie ihre Sandalen. Und sie guckte von dort aus auch Fernsehen. Sie saß auf dem Sofa, gehüllt in ihr Nezela, eine Art traditionelles eritreisches Laken, und um sie herum lagen wir. Während wir Fernsehen guckten, strich sie einem oder mehreren von uns durch die Haare. Eine liebevolle Geste. Aber manchmal stoppte sie einfach so und rief: »Du hast Läuse!«, womit sie uns einen riesigen Schrecken einjagte.

Aber natürlich konnte sie auch streng sein. Es gab diese eine Handbewegung, bei der jeder von uns wusste: bis hierhin und nicht weiter. Dafür legte Mama alle Finger einer Hand um den Daumen und führte die Hand langsam in Richtung Gesicht. Diese Geste kam vor allem zum Einsatz, wenn wir Gäste hatten. Denn meine Mutter hätte niemals vor anderen Menschen mit uns geschimpft oder uns bestraft. Meist saß der Besuch mit meiner Mutter im Wohnzimmer und trank Kaffee, während wir irgendwo in der Wohnung spielten. Wurden wir zu laut, wurde jemand von uns gerufen und bekam dieses Zeichen. Und ohne Worte war klar: Wenn die Gäste wieder weg sind, ist Payback! Unsere Taktik war, dem Besuch anzubieten, ihn noch nach Hause zu bringen – in der Hoffnung, dass Mama bis dahin vergessen könnte, dass noch eine Strafe ausstand. Aber keine Chance!

Wenn Mama nicht da war, war es auch nicht einfacher. Sie wusste, dass wir irgendetwas im Schilde führten. Also erklärte sie uns, sie sei um sechzehn Uhr wieder zu Hause, kam aber schon um vierzehn Uhr! Aber selbst wenn man es schaffte, alle Freunde rechtzeitig wieder aus der Wohnung zu schmeißen, schützte einen das nicht davor, dass sie es rausbekam.

Mama war ein richtiges Adlerauge und wusste genau, in welchem Zustand sie ihre Wohnung hinterlassen hatte. Als wir noch kleiner waren, durften wir – wenn sie nicht zu Hause war – nicht ins Wohnzimmer. Dort stand nämlich der Fernseher. Wir schlichen uns natürlich trotzdem rein und guckten fernsehen. Wenn Mama wieder nach Hause kam und auch nur ein Kissen um wenige Zentimeter verrückt worden war oder die Vorhänge nicht mehr ganz zugezogen waren, rief sie einen sofort zu sich.

Meine Mutter ist die fleißigste Frau, die ich kenne. Ich kann mich an keinen Tag erinnern, an dem sie nicht zur Arbeit gegangen ist. Selbst wenn sie die Grippe hat, geht sie arbeiten, während andere Leute sich schon bei einem Schnupfen krankmelden würden. Dieses Pflichtbewusstsein gehört zu ihrem Leben. Glaube, Familie, Arbeit – das sind die drei wichtigsten Säulen für sie.

Mama ist ein unglaublich emotionaler und manchmal auch ein dramatischer Mensch. Etwas, das viele arabische und eritreische Muttis in sich tragen. Manchmal chillen wir einfach zusammen auf dem Sofa, und sie sagt aus dem Nichts: »Nura, was ist, wenn ich jetzt sterbe? Du hast noch keine Kinder! Ach, inshallah, erlebe ich noch meine Enkelkinder!«

Und dann fängt sie einfach so an, dafür zu beten, dass Gott ihr bitte endlich Enkelkinder von mir schenken soll! Dabei könnte sie doch auch einfach mit mir darüber sprechen und mich fragen, ob ich gerade einen Freund oder eine Freundin habe und wie es mit der Familienplanung aussieht! Sie kann eine richtige Drama-Queen sein. Ich finde das meistens richtig lustig, sie aber nicht.

Jidetti war um einiges strenger als Mama. Aber sie kam eben auch aus einem Polizeihaushalt. Meine Mutter hatte so großen Respekt vor ihr, dass sie, wenn ein bestimmtes Thema aufkam, oft leise zu uns meinte, dass wir doch darüber sprechen können, wenn Jidetti weg ist.

»Warum willst du bei jemand anders schlafen? Du hast doch auch ein Bett!«

Jidetti war ein absoluter Kontrollfreak. Weil sie wusste, dass Jedu im Grunde alles egal war, machte sie das automatisch zum Familienoberhaupt. Sie war der Boss. Auch wenn Jedu da war, war sie in charge.

Mehr noch: Jidetti ist bis heute eine gefürchtete Frau in Wuppertal. Die Kinder wissen, dass sie keine Faxen mit ihr machen können. Wenn wir gemeinsam auf Hochzeiten waren, wurde sie von allen begrüßt und umgarnt. Damals habe ich das gar nicht so gecheckt. Aber je älter ich wurde, umso mehr wurde mir bewusst, was für einen guten Ruf sie in der Stadt hatte. Immer, wenn ich jemanden aus der eritreischen Community traf, hieß es, ich solle Jidetti liebe Grüße bestellen.

Dazu muss man wissen, dass die Menschen, die aus Eritrea nach Deutschland gekommen sind, sich hier über die Jahre ein extrem ehrenamtliches Netzwerk aufgebaut haben. Sobald jemand neu nach Deutschland kommt und einem Asylheim zugeteilt wird, werden die Leute im Umkreis per Telefon aktiviert und helfen demjenigen bei seinen ersten Schritten – ganz egal, ob es um Behördengänge, Klamotten oder Möbel geht. Jidetti, aber auch meine Mama und meine Onkel und Tanten engagieren sich dabei seit Jahren. Ich finde das total cool. Vor allem, weil es nötiger denn je ist. Menschen, die heute nach Deutschland kommen, haben es noch viel schwerer, als wir es damals hatten.

Aber Jidetti ist eine unglaublich meinungsstarke Frau. Sie ist gegen das Regime in Eritrea. Ich glaube, diese Charaktereigenschaft habe ich von ihr. Auch in alltäglichen Dingen vertrat Jidetti ihre Ansichten mit Nachdruck. Sie war zum Beispiel gegen Dreads. Einmal wollte Hannan unbedingt ein Nasenpiercing haben. Jidetti war sofort dagegen, woraufhin Hannan entgegnete, dass das doch ein traditionelles Item wäre.

Jedu war das genaue Gegenteil von Jidetti. Er war vermutlich der entspannteste Mensch der Welt. So entspannt, dass er oft zu Jidetti meinte, sie solle uns doch jetzt einfach mal in Ruhe lassen. Vielleicht lag das auch daran, dass er so einen gechillten Tagesablauf hatte. Er betete fünfmal am Tag, ging ein paar Stunden in die Moschee und danach mit ein paar Freunden ins Eiscafé, um dort seinen Kaffee zu trinken, anschließend ging er noch die Tauben füttern, und dann kam er bei uns vorbei, um Moe und mir die Kekse zuzustecken, die er zu seinem Kaffee bekommen hatte. So ging das jeden Tag. Wenn wir Jedu sehen wollten, wussten wir ganz genau, wo wir ihn wann antreffen konnten.

Jedu ging auch oft mit uns im Wald oberhalb von Vohwinkel spazieren. Jeden Sonntag liefen wir gute zwei Stunden bis zu einer Wasserquelle, danach gab es ein Eis, und dann ging es wieder zurück.

Und, ganz wichtig, Jedu hatte immer saubere Socken an! Ich weiß noch, wie ich damals oft an seinen Füßen roch und danach rief: »Jedus Füße stinken nie!« Wie auch? Schließlich wusch er sich fünfmal am Tag vor jedem Gebet.

Und er rauchte. Marlboro. Jidetti hasste das. Jedu arbeitete nicht immer. Vor allem wegen seiner Gesundheit. Zum ersten Mal wurde er krank, als ich noch ein Kind war. Später bekam er Diabetes, woran er letzten Endes auch verstarb.

Weil Hannan die Älteste von uns war, musste sie immer auf uns aufpassen, Essen aufwärmen und einfach da sein, um uns die Tür aufzumachen, während Ramadan, Moe und ich zum Spielen draußen waren. Schließlich hatte nicht jeder einen Schlüssel. Hannan litt ein bisschen darunter, dass sie sich immer um uns kümmern musste. Als sie achtzehn war, suchte sie sich sofort eine eigene Wohnung – kam dann aber doch zurück. Hannan öffnete die Briefe und musste mit zehn Jahren schon irgendwelchen bürokratischen Scheißdreck so übersetzen, dass Mama verstand, was damit gemeint war. Ich bin ihr heute sehr dankbar. Denn meine Schwester hat uns viel ermöglicht.

So wie Ramadan und Hannan ein Team waren, waren es auch Moe und ich. Witzigerweise hatten wir auch denselben Freundeskreis. Die Mädels, mit denen ich befreundet war, hatten oft auch einen Bruder im Alter meines Bruders. Also verbrachten wir viel Zeit miteinander – und stritten dementsprechend immer mal wieder.

Moe war ein sehr trotteliges Kind. Er baute schon früh,

oft auch unbewusst, ziemlich viel Scheiße. Einfach weil er nicht drüber nachdachte. Jeder von uns war irgendwann alt genug, um mit ein bisschen Geld einkaufen zu gehen. Der Einzige, bei dem das nicht funktionierte, war Mo. Alles, was man ihm gab, verlor er. Sogar sich selber!

In der Grundschulzeit sollte er nach dem Fußballtraining eigentlich nach Hause kommen und hätte dafür nur eine Haltestelle mit der Schwebebahn fahren oder zehn Minuten zu Fuß gehen müssen. Hätte, hätte. Moe ging nach dem Training nämlich in die falsche Richtung. Vier Stunden lang liefen wir alle Wege ab, auf denen wir Moe vermuteten – aber er war wie vom Erdboden verschluckt. Kurz nachdem wir vollkommen fertig mit den Nerven wieder zu Hause ankamen, klingelte es. Vor der Tür standen Moe und jemand, der ihn auf einer Landstraße aufgesammelt hatte. Man muss sich das mal vorstellen: Moe war vier Stunden am Stück einfach geradeaus gegangen!

Solche Sachen passierten Moe ständig. Er verlor einfach alles. Egal, ob es ein Zehnmarkschein für den Einkauf oder sein Haustürschlüssel war. Einmal kam er sogar ohne Schulranzen nach Hause! Mama konnte das gar nicht fassen und glaubte am Anfang, er hätte seine Hefte, Bücher und Stifte auf dem Schulhof verkauft.

Neben meinen Geschwistern waren auch meine Onkel, die Brüder meiner Mutter, wichtige Bezugspersonen für mich. Nur über Jemal weiß ich so gut wie gar nichts. Eigentlich nur, dass er während unserer Zeit in Kuwait-City heiratete und die Hochzeit ganze drei oder vier Tage dauerte. Anschließend zog er mit seiner Frau in die USA. Aber Jemal war der Grund, warum ich schon in der Grundschule ein Interesse für die englische Sprache entwickelte. Wenn er anrief, wollte ich mich mit ihm unterhalten können.

Familienduell

Weil Moe und ich alterstechnisch nicht sonderlich weit voneinander entfernt waren, kamen wir kurzerhand zusammen in den Kindergarten. Mir gefiel es dort von Anfang an so gut, dass ich – wenn es nach mir gegangen wäre – am liebsten den ganzen Tag dort verbracht hätte. Im Grunde war es ja wie zu Hause, nur mit dem Unterschied, dass ich mit noch viel mehr Leuten als nur Moe, Ramadan und Hannan spielen konnte.

Dass ich noch kein Deutsch konnte, war überhaupt kein Problem. Denn bis auf die beiden Leiter Monika und Ingo und ein paar Kinder aus Russland und der Ukraine waren wir ohnehin alles Schwarzköpfe. Es gab Türken, Albaner, Araber – der Kindergarten war full mit Ausländern. Keiner von uns konnte richtig Deutsch, aber jeder kannte ein paar Wörter, und der Rest wurde mit Händen und Füßen geregelt.

Das Gute war, dass es zu Hause zwischen Ramadan, Hannan, Moe und mir zu der Zeit eine richtige geschwisterliche Competition darum gab, wer am besten Deutsch konnte. Wenn wir aus dem Kindergarten oder der Schule nach Hause kamen, sagten wir uns gegenseitig sofort stolz alle Wörter, Sätze und Redewendungen auf, die wir an dem Tag neu gelernt hatten. Jeder von uns wollte natürlich der Beste darin sein, weshalb wir versuchten, uns möglichst viel von den anderen einzuprägen. Wir sprachen untereinander mehr und mehr auf Deutsch – und wenn man ein Wort nicht kannte, hatte man halt Pech.

Natürlich hatte ich noch im Ohr, wie unsere Familie in Kuwait miteinander Arabisch oder Tigrinya gesprochen hatte. Mit Mama oder Jidetti und Jedu sprachen wir deshalb weiter Arabisch, aber Deutsch war für mich zu dem Zeitpunkt schon die Sprache, die ich hauptsächlich sprach. Ich hatte richtig Bock darauf und fand es cool – auch, weil es eine Sprache war, die Mama nicht konnte.

Sicher war das einer der Gründe, warum Moe und ich so schnell Deutsch lernten. Ein anderer war, dass wir im Kindergarten ständig deutschsprachige Lieder sangen: Morgens beim Teetrinken im Stuhlkreis, vor dem Mittagessen, als Verabschiedungsritual – im Grunde wurde jede Aktion durch ein Lied begleitet. Auch die Ausflüge.

Ich erinnere mich, dass wir zum Beispiel in den Zoo und auf den Bauernhof fuhren. Das war für mich total crazy. Mein einziger Kontakt zu Tieren hatte bis dahin darin bestanden, dass zu bestimmten Feiertagen ein Schaf geschlachtet wurde. Dazu fuhr Ramadan mit Jedu auf den Bauernhof eines seiner Glaubensbrüder aus der Moschee, wo dann ein Schaf für uns ausgesucht, halal geschlachtet und anschließend von Mama und Jidetti den ganzen Tag zubereitet wurde. Und auf einmal waren wir irgendwo auf dem

Land, standen an einem Zaun und fütterten Pferde mit selbst gekauften Möhren oder durften Kühe streicheln!

Leider blieb es für mich aber bei nur einem einzigen Ausflug auf den Bauernhof. Denn schon kurz nach unserer Ankunft reagierte ich allergisch auf so ziemlich alles, was dort durch die Luft flog. Ich kam zu Hause mit dicken Augen und einem komplett geschwollenen Gesicht an. Seitdem waren Ausflüge dieser Art gestrichen. Immer, wenn später in der Grund- und auch der Oberschule ein Ausflug auf den Bauernhof anstand, wurde ich einer anderen Klasse zugeteilt und machte einen Ausflug mit zwanzig mir komplett fremden Kindern. Klar, dass ich da regelmäßig der totale Außenseiter war.

Wer in den Kindergarten geht, bastelt natürlich auch. Das war damals schon nicht mein Ding. Genau wie übrigens ein paar Jahre später der Kunstunterricht. Ich war schon immer eher der effiziente Typ und wollte möglichst schnell ans Ziel kommen: aufmalen, falten, ausschneiden, aufkleben, fertig. Logisch, dass meine Weihnachts- oder Osterdekorationen abstrakten Kunstwerken glichen. Abgesehen davon hätte ich das Zeug zu Hause eh nicht aufhängen dürfen. Meine Mutter verstand nicht, was das für ein absurder Brauch war, zu bestimmten Jahreszeiten Papierdeko ans Fenster zu hängen. Sie sah da überhaupt keinen Sinn drin!

Ich weiß noch, wie lange ich mit ihr in der Grundschule wegen dieser Window-Colour-Fensterbilder diskutieren musste. Eine Zeit lang war das in meiner Klasse der große Trend, weshalb ich – egal, wie wenig künstlerische Begabung ich hatte – auch eins dieser Bilder haben musste. Ich transportierte das Bild in meinem Tornister von der Schule bis nach Hause und behandelte es wie ein rohes Ei. Ich war total vorsichtig, was mir wirklich schwerfiel. Denn normalerweise tobte ich auf dem Schulweg, und es war jeden Tag aufs Neue ein Wunder, dass ich heile in der Schule und anschließend auch genauso heile wieder zu Hause ankam.

Ich wollte das Bild sofort ans Fenster kleben, aber Ramadan meinte, ich solle besser erst Mama um Erlaubnis fragen. Ein großer Fehler. Denn nachdem ich ihr das Kunstwerk voller Stolz präsentiert hatte, erklärte Mama mir, das komme auf keinen Fall infrage. Ich versicherte ihr, dass die Farben komplett ungefährlich seien und man das Bild ohne Rückstände wieder von der Scheibe lösen könne. Ohne Erfolg. Mama hatte riesige Angst, dass doch etwas passieren könnte und wir den Schaden hinterher aus eigener Tasche hätten bezahlen müssen. Schließlich wohnten wir zu dem Zeitpunkt schon in einer Sozialwohnung.

Überhaupt hatte Mama immer große Angst, dass wir irgendetwas kaputt machten. Einmal schaffte Moe es, die Glasscheibe unserer Haustür zu zerstören. Erst stritt er alles ab, aber nachdem ein paar andere Kinder ihn mit ihren Zeugenaussagen belastet hatten, musste er kleinlaut gestehen, dass er es doch gewesen war. Meine Mama war so sauer, und Moe bekam einen Rieeesenärger. Das war für uns andere eine Lektion, weshalb wir immer darauf achteten, wirklich nichts kaputt zu machen.

1 Meter 28

Als ich 1995 eingeschult wurde, war ich das kleinste und dünnste Kind der ganzen Schule. So klein, dass mein Spitzname »1 Meter 28« war. Mein Tornister war fast größer als ich! Man hat mich gar nicht gesehen vor lauter Schultasche.

Vielleicht war das der Grund dafür, dass ich als Kind oft krank war. Ich hatte ständig Nasenbluten. Man brauchte meine Nase nur zu berühren, schon schoss das Blut heraus. Aber ebenso häufig ging es auch einfach aus heiterem Himmel los. Ich verlor so viel Blut, dass Mama oft mit mir ins Krankenhaus fuhr, weil sie Angst hatte, ich würde sterben.

Ich bekam ständig Reiseübelkeit. Selbst wenn wir mit der Schwebebahn nur zu Jidetti und Jedu fuhren, musste ich kotzen. Außerdem hatte ich gefühlt sämtliche Allergien dieser Welt. Irgendwann bekam ich einfach am ganzen Körper Pusteln, und meine Haut schwoll an. Eine Zeit lang musste ich Handschuhe wie Michael Jackson tragen, damit ich mir die Haut nicht aufkratzte.

Ich musste mich eincremen, kalt abduschen, bis es irgendwann besser wurde. Schließlich kam raus, dass ich gegen Hausstaub, aber auch einige Lebensmittel allergisch war. Ich bekam eine Allergikerdecke, und einige Lebensmittel waren für mich tabu.

In der Grundschule hatte ich zwei beste Freundinnen. Miraç, eine Türkin, und Tasheka aus Sri Lanka. Tasheka war Christin. Aber bei ihr und ihrer Familie waren die Feste viel farbenfroher und fröhlicher, als ich sie sonst aus Deutschland kannte. Die Wohnung war schön geschmückt, und sie zog tolle Outfits an. Überhaupt nicht mit dem zu vergleichen, was ich von meinen deutschen christlichen Freundinnen kannte. Aber generell war Religion bei uns kein Thema. So wie Miraç und ich am Freitag in die Koranschule gingen, besuchte Tasheka am Sonntag den Gottesdienst. Wenn wir Bayram feierten und frei hatten, war das für Tasheka blöd, weil ihre Freundinnen nicht in der Schule waren. Am Nachmittag sahen wir uns natürlich trotzdem und teilten unsere Süßigkeiten mit ihr. Ehrensache.

Komischerweise durften Miraç und ihre Geschwister immer bei uns vorbeikommen und wir sogar beieinander übernachten. Da war es dann auf einmal okay. Aber sie waren ja schließlich auch Moslems!

In unserer Grundschulklasse waren Miraç, Tasheka, Levent und ich die einzigen Schwarzköpfe. Ansonsten gab es nur deutsche Kinder, mit denen ich natürlich genauso befreundet war. Vor allem mit Natalie und Annabelle. Insbesondere mit Annabelle verbrachte ich viel Zeit. Wie gerne hätte ich auch mal bei ihr übernachtet, aber das erlaubte Mama nicht. Nach der Schule Zeit bei ihr zu Hause zu verbringen, war aber okay. Wenn Annabelles Mutter uns mit dem Auto von der Schule abholte, war das für mich das

Allercoolste. Alles daran. Dass Annabelle von der Schule abgeholt wurde. Dass ihre Mama ein Auto hatte. Dass sie das Auto auch noch selber fuhr. Alles Dinge, die ich nicht kannte und von denen ich jedes Mal aufs Neue total beeindruckt war.

Aber Annabelle musste nicht nur vorher Bescheid sagen, damit ihre Mutter uns abholen, sondern auch, damit sie genug Essen für alle kochen konnte. Einmal kam ich nach der Schule ungeplant mit zu Annabelle nach Hause. Als das Essen fertig war, wurde nur sie an den Tisch gerufen. Ich blieb allein im Kinderzimmer zurück. Das war für mich aber auch okay, weil ich in der Zeit immerhin mit Annabelles Sachen spielen konnte.

Ich ging gerne in die Grundschule – nicht nur, weil ich dort Freunde hatte, sondern auch, weil ich gut war. Das kommt jetzt richtig strebermäßig rüber, aber ich hatte die komplette Grundschule über gute Noten – und das ohne Hilfe von Mama! Hilfe bei den Hausaufgaben, eventuell Nachhilfe – so was gab es nicht bei uns. Bei uns zu Hause wurde nicht kontrolliert, ob wir die Hausaufgaben machten oder nicht.

Klar, bei mir guckten manchmal Ramadan und Hannan in die Schulhefte oder halfen mir bei besonders schwierigen Mathehausaufgaben. Ich war den beiden natürlich keine Hilfe. Mama, die sich zwar nach und nach immer besser auf Deutsch verständigen, aber die Sprache noch nicht lesen und schreiben konnte, war es ebenso wenig. Wenn ich also eine Klassenarbeit mit nach Hause brachte, die von den Erziehungsberechtigten unterschrieben werden musste, achtete ich immer darauf, dass weder Hannan noch Ramadan oder Moe in der Nähe waren. Dann konnte ich meine Note vor Mama nämlich ein bisschen nach oben korrigieren und musste keine Angst haben, dass die anderen drei mich verpetzen.

Mama meinte immer: »Ihr geht nicht für mich in die Schule, sondern für euch. Dafür, dass ihr etwas aus eurem Leben machen könnt. Dann könnt ihr einen deutschen Pass bekommen und habt ein schönes Leben. Ihr habt hier Möglichkeiten, die ich nicht hatte. Nutzt sie.« Als ich jünger war, habe ich ihren Appell nicht verstanden. Das kam erst mit den Jahren.

Aber Schule hieß für mich nicht nur klassischer Unterricht, sondern auch Musik. Schon in unserer Zeit in Wuppertal-Sudberg bin ich das erste Mal mit Musik in Berührung gekommen. Einmal in der Woche bekamen wir dort Besuch von Frau Schuhmacher, einer Mitarbeiterin der Caritas.

Frau Schuhmacher half uns und allen anderen Bewohnern des Asylheims. Sie war eine liebe Frau mit gutem Herzen. An Weihnachten brachte sie uns Geschenke und Kekse, manchmal durften wir auch mit zu ihr fahren und uns in ihrem Keller ausrangierte Spielsachen ihrer Kinder aussuchen.

Weil Hannan und Ramadan damals, warum auch immer, Blockflöte spielten und ich manchmal dazu sang, fragte Frau Schuhmacher uns, ob wir nicht Lust hätten, sie ins Altersheim zu begleiten. Hatten wir natürlich. Und so kam es, dass wir allen Ernstes zu dritt eine Show für alte

Omas und Opas lieferten. Fast wie eine kleine Band. Nicht die Jackson Five, sondern die Omer Three.

Das nächste Mal kam ich in der Grundschule mit Musik in Kontakt. Denn meine Klassenlehrerin Frau Hackhausen war auch Musiklehrerin, weshalb wir mit ihr im Unterricht immer wieder Lieder sangen. Irgendwann sprach sie mich auf meine Stimme an und fragte mich, ob ich nicht Lust hätte, mal in die Probestunden für den Kirchenchor zu kommen, den sie leitete. Ich hatte große Lust, aber antwortete ihr, dass ich das wegen meiner Mutter nicht dürfe.

Denn das war das große Problem: Laut dem Islam war Musik nämlich haram. Pfeifen, summen, vor sich hin singen, laut singen sowieso – alles, was Spaß machte, war haram. Ramadan dachte eine Zeit lang sogar, dass haram das arabische Wort dafür sei, keinen Spaß haben zu dürfen! Nachzufragen, warum etwas haram war, war übrigens auch haram. Das als Antwort auf eine ernst gemeinte Frage zu bekommen, fühlte sich total unbefriedigend an – und ständig etwas verboten zu bekommen, was man gerne machte, war auch kein schönes Gefühl.

Aber Frau Hackhausen bot mir an, mit meiner Mutter zu sprechen. Mama war natürlich dagegen, weil der Chor nicht einfach nur ein Chor, sondern ein evangelischer Kirchenchor war. Nach langem Hin und Her willigte meine Mutter schließlich ein.

Als es irgendwann jedoch daranging, die in den Proben eingeübten Lieder aus der »Mundorgel« auch in der Kirche zu präsentieren, ging die Diskussion wieder von vorne los. Letztlich gab Mama ihr OK, und so kam es, dass ich sogar an Weihnachten und somit meinem Geburtstag mit in der Kirche stand und christliche Lieder sang.

Ich wusste nicht, was wir da eigentlich sangen oder was der Grund für den jeweiligen Gottesdienst war. Weihnachten, Ostern – das waren Tage, an denen ich freihatte. Was da genau gefeiert wurde, welche Bräuche und Rituale es gab, davon hatte ich keine Ahnung. Wichtig war eigentlich nur, dass ich nicht in die Schule musste. Also sang ich einfach mit, ganz egal, worum es ging. Ein bisschen so wie bei Deutschrap.

Wir waren nur vier Kinder, und die anderen drei sahen aus, als hätten sie in »Das Dorf der Verdammten« mitspielen können: blond, blauäugig, mit weißen Hemden und schwarzen Röcken. Und Kerzen in der Hand. Wie die Mitglieder einer Sekte! Wir saßen direkt in der ersten Reihe, damit wir schnell auf unsere Plätze konnten. Die Kirche war an Weihnachten proppenvoll. Der Pfarrer hielt seine Predigt. Als er fertig war, setzte ich zum lauten Applaus an. Woher sollte ich wissen, dass man in der Kirche nicht applaudiert?

Aber das Singen machte mir riesigen Spaß. Auch zu Hause. Und dort sangen wir keine Kirchenlieder mehr. Irgendwann erlaubte Mama Ramadan, dass er sich ein Tape von Michael Jackson überspielen durfte. Auch, weil mein Onkel ein riesengroßer Fan von Michael Jackson war und sein Zimmer von oben bis unten mit Postern vom King of Pop tapeziert hatte – mit ein paar Ausnahmen von Bob Marley.

Mein Onkel war ein riesiger Michael-Jackson-Fan, ich

war Fan von meinem Onkel – und weil er die gleiche Frisur wie Michael Jackson hatte, wollte ich sie auch. Nur manchmal sah sie nicht aus wie die von Michael Jackson, sondern eher wie Dave Chappelle, der sich als Rick James verkleidet hat.

Von dem Tag an lief bei uns zu Hause jedenfalls ständig Michael Jackson. Mein Onkel war ein so großer Fanboy, dass er mir oft die Haare à la Michael frisierte und Moe und mich aufforderte, wie sein Idol zu tanzen oder zu singen. Ich erinnere mich bis heute an das Musikvideo zu »Leave Me Alone«, das richtig trippy war.

Überhaupt schaute ich viel Musikfernsehen. Ich war wie besessen von den Videos zu den Songs. Einmal wurde mir meine Besessenheit zum Verhängnis. MTV Select veranstaltete regelmäßig ein Gewinnspiel, bei dem man kurze Songschnipsel hörte und dann erraten musste, um welche Lieder es sich handelte. Alle vier Songs waren aus unterschiedlichen Genres, aber weil ich wirklich alles anschaute, was mit Musik zu tun hatte, kannte ich sie alle. Denn ich verpasste nichts: MTV Select, VH-1, »Top of the Pops«, »The Dome«. Eines Nachmittags fühlte ich mich so sicher, dass ich all meinen Mut zusammennahm, zum Telefon griff und die eingeblendete Nummer wählte. Weil ich nicht durchkam, rief ich noch einmal an. Aus zwei Anrufen wurden drei, und als ich schließlich durchkam, hatte ich bestimmt zweihundertfünfzigmal die Nummer von MTV gewählt. Mit Erfolg. Ich konnte mein Glück kaum fassen. Ich wurde tatsächlich zur Moderatorin Anastasia durchgestellt – und dann wusste ich auch noch alle Lieder! Der Gewinn war eine winzige Tasche von Puma mit Autogramm von Anastasia, die mir in den Wochen darauf zugeschickt werden sollte.

Als die Telefonrechnung kam, rastete Mama aus. Ich leugnete natürlich alles – aber irgendwann kam ein Paket, das an mich adressiert war, in dem sich die Tasche befand, und ich musste kleinlaut zugeben, dass ich die Telefonrechnung in die Höhe getrieben hatte.

Für CDs fehlte uns das Geld. Aber im Kaufhof konnte man die Singles und Alben aus dem Regal nehmen, zu einer Station bringen, dort scannen und dann reinhören. Natürlich nur im Stehen, damit man nicht so lange blieb. Trotzdem verbrachte ich oft Stunden dort.

Aber weil ich auch nicht ständig im Elektrofachgeschäft rumhängen konnte, war ich zu Hause ganze Nachmittage damit beschäftigt, mir eigene Mixtapes zusammenzustellen. Von den Aufnahmen für unsere Verwandten wusste ich schon, wie der Hase läuft: Ich setzte mich einfach mit dem Kassettenrekorder vor das Radio oder den Fernseher, wo MTV und VH-1 liefen und wartete, bis meine Lieblingslieder von Linkin Park oder Slipknot anmoderiert wurden. Wenn es so weit war, drückte ich auf Aufnahme. Während die Aufnahme lief, musste es natürlich in der ganzen Wohnung ruhig sein, was in den seltensten Fällen gelang. Oft hörte man Türenknallen oder jemanden von meinen Geschwistern rufen. Das war die eine Aufgabe. Die andere war, eine Kassette zu benutzen, die auch wirklich mir gehörte und nicht meinen Geschwistern oder meiner Mutter. Die Botschaften unserer Verwandten durfte ich auf keinen Fall überspielen!

Neben Tapes nahm ich auch Videokassetten mit Clips

oder ganzen Sendungen mit Musikvideos auf. Vor allem als 2001 Aaliyah starb. Die Kassette mit allen Berichten und Beiträgen über sie war mein absolutes Heiligtum. Trotzdem schafften Ramadan oder Moe es irgendwann, das Tape mit »Dragon Ball Z« oder irgend so einer Scheiße zu überspielen, und ich rastete komplett aus. Aaliyah war meine absolute Queen. Von dem Moment an, in dem ich sie zum ersten Mal auf MTV sah, war ich in sie verliebt. Aaliyah war mein Vorbild. Sie war superweiblich, hat aber trotzdem Baggys getragen und stand irgendwie zwischen den Stühlen – und dann noch diese Stimme! Ich wollte genauso so sein wie sie, fing an, Geld zu sparen, und zwang meine Mutter, mir auch eine breite Hose von Dickies und ein weißes Tank-Top zu kaufen.

Mein Traumberuf war Sängerin – das habe ich in jedes Diddl-Freundschaftsbuch geschrieben. Gut, manchmal habe ich auch Sailor-Kriegerin reingeschrieben, weil ich ein riesiger Fan der Serie »Sailor Moon« war. Ich wollte unbedingt Sängerin werden – und für den Fall, dass daraus nichts werden würde, hatte ich einen weiteren Plan.

Ich wollte es nicht nur. Ich wusste es. Ich wusste, dass ich ein Star werde. Moderatorin, Schauspielerin oder Sängerin – irgendwas davon. Von Aaliyah wusste ich, dass es als Kind ihr größtes Ziel gewesen war, den »Mickey Mouse Club« zu moderieren. Anschließend war sie Sängerin und Schauspielerin geworden. Um zu entertainen, musste man das also alles können. Und ich konnte es. Ich liebte es. Ich lebte es. Das war mein Ding.

Ich dachte nicht mal im Ansatz daran, damit Geld zu

verdienen. Das war mir komplett egal. Aber ich liebte es einfach. Alles daran.

Schon in der Grundschule nahm ich mit Moe eine gemeinsame Radiosendung auf. Der Titel: »Moe & Nura«. Wir adaptierten die Betonungen und Redewendungen der Moderatoren aus dem Radio und sprachen darüber, wie es in der Schule gewesen war. Im Grunde war das ein Podcast, lange bevor es Podcasts gab.

Ich spielte viel, ich träumte noch mehr. Ich ließ meiner Kreativität freien Lauf. In jedem meiner Grundschulzeugnisse stand, was für eine lebhafte Fantasie ich hatte. Ich wollte andere unterhalten und dafür sorgen, dass sie eine gute Zeit hatten, ihnen aber auch Werte vermitteln und etwas beibringen.

Irgendwo zwischen Aaliyah und Arabella Kiesbauer. Richtig gelesen. Ich war damals ein riesengroßer Fan der Moderatorin Arabella Kiesbauer und ihrer Talkshow. Manche, die Arabella noch kennen, werden jetzt vielleicht die Stirn runzeln. Aber sie war damals eine Inspiration für mich.

Natürlich gab es manchmal auch Trash in ihrer Talkshow. Aber oft war ich auch von den Themen beeindruckt, die sie in ihrer Sendung ansprach. Sie gab den Gästen die Möglichkeit, aus ihrem Leben zu erzählen. Man sah bei Arabella Sachen, die man noch nicht kannte. Menschen mit Implantaten in der Stirn oder extrem großen Brüsten. Aber sie fand das nicht eklig oder weird und verurteilte die Gäste nicht dafür, dass sie von der Norm abwichen. Im Gegenteil: Arabella war neugierig und wollte das Implantat anfassen oder stellte interessierte Fragen. Sie begegnete jedem Gast gleich offen und ohne Vorurteile – und wenn jemand Unsinn erzählte, dann fuhr sie ihm wie eine Mutti über den Mund.

Ich glaube, Arabella Kiesbauer war der Grund dafür, dass ich allen Menschen gleich begegne. Ich weiß, dass es okay ist, anders zu sein. Mehr noch: Es ist sogar so besonders, dass du in eine Talkshow eingeladen wirst und darüber sprechen kannst. Was das anging, war Arabella anders als andere Talkshowmoderatoren. Und sie war schwarz. Für mich war das der klare Beweis dafür, dass ich es also auch oder trotzdem ins Fernsehen schaffen kann.

Mein Ziel war es damals, selbst eine Sendung wie Arabella zu haben. Wenn ich so darüber nachdenke, dann mache ich heute mit meiner Musik und der Interaktion mit den Fans eigentlich nichts anderes.

Arabella war auch der Grund dafür, dass ich mit der Zeit ein Faible für Leute entwickelte, die anders aussahen. Aaliyah hingegen gab mir das Gefühl, alles schaffen zu können, einen Traum zu haben, der irgendwann in Erfüllung gehen würde. Immer, wenn ich aus der Schule kam, schob ich eine der Kassetten in den Videorekorder, drückte auf Play, stellte den Fernseher auf maximale Lautstärke und fing an zu tanzen und zu singen.

Juniorclub bis Tupperparty

1996 zogen wir nach Wuppertal-Barmen. In unsere erste eigene Wohnung. Kein Asylheim, keine Sozialwohnung, nicht nur ein Zimmer, sondern eine echte eigene Wohnung. Wir bezogen die erste Etage. Gegenüber von uns lebte eine griechische Familie. Im fünften Stock wohnte eine türkische Familie, von der wir bei unserem Einzug mit Essen überhäuft wurden und deren Töchter wie Schwestern für uns waren. Es tat gut, so aufgenommen zu werden und irgendwie auch das Gefühl zu haben, das erste Mal zu Hause zu sein. Auch wenn wir im Grunde nichts hatten.

Es gab einige Momente, in denen ich realisierte, dass wir arm waren. Zum Beispiel in der Grundschule. Am Anfang jedes Monats konnte man sich für die große Pause Trinkpäckchen mit Milch bestellen. Ich war die Einzige in der Klasse, die das Geld dafür nicht von ihren Eltern, sondern vom Sozialamt bekam. In der Oberschule war das ganz ähnlich. Wenn Klassenfahrten anstanden, musste ich mir vorne beim Lehrer einen speziellen Zettel abholen, mit dem ich die Unterstützung beantragen konnte. Das merkten die anderen aus der Klasse natürlich sofort und wussten, dass bei mir irgendetwas anders als bei ihnen war. Das war mir schon krass peinlich. Zumal es so rüberkam, als ob wir keinen einzigen Cent gehabt hätten, was ja gar nicht der Wahrheit entsprach.

Es gab kein Geld vom Staat, sondern Wertgutscheine. Gelbe, rote, blaue Papierstreifen, mit denen wir nur bei Aldi und Plus einkaufen konnten. Weil der Weg zum Supermarkt weit war, gingen wir nur einmal die Woche einkaufen. Dementsprechend voll war der Einkaufswagen – aber vier Kinder haben natürlich Hunger. Mama erzählt heute noch manchmal, was für böse Blicke ihr die Leute in den Kassenschlangen zuwarfen, und auch wenn sie es nicht verstand, war klar, dass getuschelt wurde.

Ein weiteres Problem: Es gab kein Rückgeld auf die Coupons. Blieb Mama mit ihren Einkäufen unter dem Wert des Gutscheins, musste sie noch mal zurück in den Laden und schnell etwas holen, während die Leute hinter ihr warteten. Mama hielt den Verkehr auf, schnorrte die Lebensmittel auf Kosten der Steuerzahler. Unter bösen Blicken und gehässigen Kommentaren. Eine schwierige Zeit. Mama denkt ungerne daran zurück. Weil es wehtat.

Aber wo sollte das Geld auch herkommen? Bis 1998 hatte Mama keine Arbeitserlaubnis. Das hatte folgenden Grund: Als sie 1986 mit Hannan und Ramadan zum ersten Mal nach Deutschland kam, war sie von ihrer Mutter dem Amt gemeldet worden und hätte eigentlich ein Recht auf Nachzug gehabt. Aber weil irgendwas im Amt schiefgelaufen war, bekam Mama nur eine Duldung. Weil weder Jidetti noch Mama oder wir den Papierkram verstanden, dauerte es eine ganze Zeit, bis das rauskam. Mama nahm sich einen Anwalt, wodurch ihr und auch unser Status von einer Duldung zu einem Aufenthalt geändert wurde – und bekam damit auch ihre Arbeitserlaubnis. Mit der in der Tasche fing sie sofort an, in der Pathologie des Universitätsklinikums in Barmen zu putzen. Um vier Uhr klingelte der Wecker, um fünf Uhr ging es los. Die Schicht ging bis zwölf Uhr. Ein harter Job. Als sie sah, wie ein Mann starb, kündigte sie und suchte sich einen neuen Job.

Aber bloß weil Mama anfing Geld zu verdienen, waren wir nicht auf einmal reich. Unabhängiger vielleicht, ja. Aber mehr auch nicht. All die Sachen, die für deutsche Kinder selbstverständlich waren, hatten wir nicht. Wir konnten nicht alle in einem Verein sein, sondern immer nur einer. Hannan hat eine Zeit lang Basketball gespielt, und ich habe geturnt. Ramadan konnte als Einziger von uns in mehreren Vereinen sein und musste keine Gebühr zahlen. Aber auch nur, weil man dort gecheckt hat, dass er gerne Sport macht und wir uns das nicht leisten konnten. Also blieben ihm die Vereinsbeiträge erspart, und er durfte wenigstens beim Training mitmachen. Bei den Spielen musste er zu Hause bleiben. Moe wollte unbedingt Taekwondo machen, weil er auf dem Weg zu Jidetti jeden Tag an dem Studio vorbeikam. Mama war der Beitrag viel zu teuer, aber Moe hat so lange gebettelt, bis er sie schließlich so weit hatte. Weil wir alle wussten, wie viel Geld Mama jeden Monat für sein Training zahlte, sorgten wir gemeinsam dafür, dass er auch ja pünktlich zum Training kam.

Ich konnte mich schon immer gut bewegen. Als ich

klein war, vier oder fünf Jahre alt, sagte mein Onkel immer, dass ich ein sehr bewegliches Kind sei. Ich war richtig flexibel: Ich konnte meine Beine hinter meinen Kopf klemmen und laufen. Es wurden immer Faxen mit mir gemacht. Ich war ein Zirkuskind. Ich konnte auf den Schultern meines Onkels stehen. So kam es, dass meine Onkel mich wie eine Cheerleaderin durch die Luft warfen und mich animierten, Hebefiguren zu machen. Spagat, Flickflack – das kann ich heute noch.

Im Rahmen ihrer Möglichkeiten tat Mama alles für uns und las uns jeden Wunsch von den Lippen ab. Ich weiß nicht, wie sie das machte. Aber sie schaffte es trotz des wenigen Geldes, immer etwas zurückzulegen. Für Buffalos. Oder ein Nintendo 64. Eine Jacke von Helly Hansen. Sogar das Geld für eine spätere Pilgerfahrt nach Mekka und einen Urlaub in die Schweiz brachte Mama auf. Und wenn jemand von uns eingeschult wurde, gab es neben einer Schultüte auch neue Schuhe. Dann wurde ein Foto gemacht, auf dem man die Schultüte und die Schuhe sah. Dieses Bild schickte Mama an sämtliche Familienmitglieder. Einfach um zu zeigen, dass es uns gut geht. So gut, dass wir sogar Schuhe von Adidas tragen können. Unsere Klamotten waren trotzdem aus der Altkleidersammlung. Gehänselt wurden wir in der Schule deswegen nicht. Manchmal trugen wir auch Klamotten von Freunden.

Wir hatten eine schöne Kindheit – ganz egal, was wir hatten oder nicht hatten. Wenn uns etwas fehlte, dann liehen wir es uns. Dann durften wir mal eine Runde mit dem

Fahrrad fahren. Mein erstes eigenes Fahrrad hatte ich erst mit zwölf – und selbst das musste ich mir mit Moe teilen.

Ernsthaft gefehlt hat es uns an nichts. Klar wollte man immer mehr haben, aber eigentlich auch nur, weil andere auch so viel hatten. Zwei Paar Buffalos. Eigene – und nicht die von Hannan, die ich nur ab und an haben durfte. Dafür hatte Ramadan dann aber eine Jacke von FILA, die 250 Mark gekostet hat. Man hat sich die Sachen gewünscht, wenn sie gehyped waren – aber bekommen hat man sie erst ein oder anderthalb Jahre später, wenn sie günstiger zu bekommen oder im Angebot waren. Mama hat versucht, uns alle paar Monate eine teure Klamotte zu ermöglichen, damit wir uns nicht ausgestoßen fühlen.

Das war ihre Lebensaufgabe. Deshalb verlangt sie ihrerseits von jedem von uns vier Kinder. Jedes Mal, wenn wir uns sehen, rechnet sie mir vor, warum sie es so sieht:

»Guck ma, Nura, ich habe vier Kinder. Deshalb muss jedes meiner Kinder auch mir vier Kinder schenken.«

Mama half und hilft einfach gerne anderen Menschen. Ihren eigenen Kindern genauso wie anderen Menschen aus der eritreischen Community. Ganz egal, wo sie herkamen oder welche Religion sie hatten. Die meisten Eritreer sind Christen, Mama aber ist Muslima – aber trotzdem sind diese Menschen für sie Geschwister. Erst neulich rief sie mich an und meinte: »Nura, ein Bruder von uns ist jetzt in Berlin – vielleicht kennst du den ja?!«

Mama ist einfach süß.

Ich muss sagen, dass ich kein sonderlich materialistisches Kind war. Ich hatte keine großen Wünsche. Bis auf eine Sache.

Eine Zeit lang wohnten wir direkt neben einem McDonald's. Ich verbrachte viel Zeit dort und beobachtete neidisch all die Kinder, die in der oberen Etage in einem extra dafür eingerichteten Raum ihren Geburtstag feiern durften. Mein absoluter Traum war es, meinen Geburtstag irgendwann auch einmal dort zu feiern. Auch wenn wir damals natürlich keine Kohle dafür hatten.

Aber für Leute wie mich gab es immerhin den Juniorclub. Um dem beizutreten, musste man nur ein Formular ausfüllen und von einem Erziehungsberechtigten unterschreiben lassen. Ich fälschte Mamas Unterschrift natürlich und bekam seitdem jedes Jahr zu meinem Geburtstag einen Gutschein für eine Juniortüte mit Cheeseburger, Pommes, Getränk und Überraschung. Leider ging das nur bis zum zwölften Lebensjahr. Natürlich hatte ich auch noch mit dreizehn Bock auf ein kostenloses Menü, weshalb ich mich danach mit anderen Identitäten erneut anmeldete. Erst hieß ich Nura Habib, dann Nura Omer, anschließend meldete ich meine Schwester an, verwendete aber das Geburtsdatum von Mo. So bekam ich über die Jahre einige kostenlose Menüs auf den Nacken von McDonald's. Liebes McDonald's-Juniorclub-Team, wenn ihr das hier lest: Es tut mir leid! Aber meinen Geburtstag würde ich immer noch gerne bei euch feiern!

Zu Hause hatten wir immer nur die nötigsten Lebensmittel. Brot, Käse, Butter. Süßigkeiten gab es nicht. Nur an Sonntagen holte Jedu Brötchen für uns bei einem Bäcker, der kurz vor Ladenschluss die Backwaren für die Hälfte anbot. Wenn wir Kleingeld hatten, kauften wir dort auch mal einen Puddingplunder für die Hälfte oder bekamen die Leckereien sogar geschenkt.

Mama hat immer für uns gekocht. Sie wusste, dass wir Essen in der Schule bekamen – und obwohl sie arbeiten musste, stand trotzdem jeden Tag, wenn wir aus der Schule kamen, unser Mittagessen auf dem Herd oder im Ofen. Wir mussten es nur noch warm machen. Damals nahmen wir das für selbstverständlich, aber heute ist mir klar, wie viel Arbeit es für sie war, neben dem ganzen Stress für eine fünfköpfige Familie zu kochen. Manchmal hatte sie wirklich keine Zeit zum Kochen. Wenn ich dann nach Hause kam und ohne Begrüßung gleich mit den Worten »Mama, ich hab Hunger!« reinkam, erwiderte sie nur: »Dann friss mich doch!« Auf Tigrinya!

Natürlich kochte Mama oft eritreisches Essen. Die Grundlage für alle Gerichte ist Injera. Ein dünner, schwammartiger Sauerteig-Fladen aus Mehl, Wasser und Hefe. Aber das Brot ist nicht einfach Brot, sondern auch Teller und Essbesteck in einem. Einen Fladen legt man auf den Teller und verteilt darauf die Hauptspeisen: dreierlei Linsen, Hüttenkäse gegen die Schärfe, Ei, Hühnchen, Curries. Dann teilt man einen weiteren Fladen in der Mitte und drapiert ihn außen herum, wie einen Rand, von dem man handgroße Stücke abreißt, um damit von den Curries und Pasten zu nehmen und sie direkt in den Mund zu stecken. Natürlich nur mit der rechten Hand, weil das im Islam die saubere war.

Schärfe ist allgegenwärtig in der eritreisch-äthiopischen Küche. Genau wie Berbere, eine Gewürzmischung aus Kardamom, Nelke und einer bestimmten Chilisorte. Nicht nur scharf, sondern auch geschmacklich besonders. Und es riecht. Man kann sich die Hände so oft waschen, wie man will, es dauert trotzdem einen Tag, bis der Geruch wieder verschwindet. Und wenn man abends an seinen Fingern riecht, bekommt man sofort wieder Hunger. Aber es belebt den Kreislauf. Der Kopf ist super durchblutet.

Neben den eritreischen Gerichten gab es auch Reis mit Hähnchen, Pizza, Nudeln mit Tomatensoße. Mama kochte sich für uns querbeet durch die internationale Küche. Das Beste war, als sie auch anfing, nach deutschen Rezepten zu backen. Ihren Käsekuchen liebe ich bis heute.

In eine deutsche Küche gehörten – wie könnte es anders sein – Tupperdosen. Wobei wir kein Geld für die Originale hatten. Aber sagen wir so: Plastikboxen und dazugehörige Deckel hatten wir in allen erdenklichen Größen und Formen. Ich wusste früher gar nicht, welche Bedeutung diese Dosen für Mama hatten. Aber immer, wenn ich in den letzten Jahren bei ihr zu Besuch war, packte sie mir Essen in Dosen ein und meinte: »Bring sie mir wieder mit!« Als ich das ein paarmal vergessen hatte, gab es das Essen nur noch in Tiefkühlbeuteln und Joghurtbechern.

Welcome to the fake world

Als ich von der Grundschule in die Oberschule kam, änderte sich für mich alles. Bis zu diesem Zeitpunkt war ich der glücklichste Mensch der Welt gewesen. Ich war hardcore motiviert und hatte von meiner Klassenlehrerin sogar ein Empfehlungsschreiben für das Gymnasium bekommen. Aber weil Hannan und Ramadan auf die Gesamtschule Barmen gingen und ich gerne mit meinen Geschwistern zusammen sein wollte, entschied ich mich stattdessen für die Gesamtschule Barmen. Motiviert war ich trotzdem. Ich dachte: »Okay, du gehst nicht aufs Gymnasium, sondern nur auf die Gesamtschule, aber die Empfehlung deiner Lehrerin kann ja nur ein Vorteil sein.« Ich dachte, es wird alles ganz easy und ohne Druck.

Weit gefehlt.

Schon in der ersten Schulstunde musste ich feststellen, dass von nun an alles anders ablaufen würde, als ich mir das ursprünglich vorgestellt hatte. Gleich in der ersten Schulstunde sollten wir eine Klassensprecherin und einen Klassensprecher wählen. Das war insofern schwierig, als wir uns alle noch überhaupt nicht kannten. Ich hatte noch kein einziges richtiges Gespräch geführt und sollte schon jemanden wählen, der mich und meine Klasse vertrat?!

Ein paar Leute stellten sich der Klasse vor und erklärten, warum ausgerechnet sie Klassensprecher werden wollten. Auch ich überlegte kurz, mich für die Wahl aufstellen zu lassen. Denn eigentlich wäre ich gerne Klassensprecherin geworden und hätte große Lust gehabt, mich zu engagieren und dafür einzusetzen, dass die Wünsche aller Leute aus meiner Klasse berücksichtigt werden und alle dieselben Rechte haben würden.

Aber gerade als ich mich melden wollte, wurde jemand anders vorgeschlagen. Nennen wir sie mal Sibylle. Sibylle war mir gleich beim Betreten des Klassenraumes aufgefallen, weil sie im Gegensatz zu uns anderen Mädchen schon richtig große Titten hatte. Jetzt fiel mir auf, dass sie eigentlich gar keine Lust hatte, sich zur Wahl zu stellen. Sie zierte sich total!

Aber das in dem Moment zu sagen, wäre ja auch irgendwie komisch gekommen. Keine fünf Minuten später war Sibylle unsere Klassensprecherin. Nicht, weil sie wollte oder eine Agenda hatte, sondern weil sie gut aussah. Genau wie übrigens auch der zweite Klassensprecher ein totaler Schönling war.

Ich hätte mir gewünscht, dass der Lehrer dazwischengegangen wäre, um die Leute aufzuklären, wen sie hier warum wählten und worum es dabei eigentlich ging. Im Grunde war das hier ja keine Klassensprecherwahl, sondern ein Rating. Es wurde schlicht und einfach bewertet, wer wie aussah und wie beliebt derjenige war. Man wurde, ohne etwas tun zu können, in eine Schublade gesteckt, und in der blieb man seine gesamte Schulzeit über. Es ging gar nicht darum, wer man war, sondern vielmehr darum, wie man aussah und was man anhatte. Vor allem spielte auf einmal auch eine Rolle, wie weit man als Mädchen schon entwickelt war und wie weiblich man sich präsentierte – oder welche Attribute man als Mann hatte. Damals bemerkte ich zum ersten Mal Ungerechtigkeiten dieser Art. Aber mir fiel noch etwas anderes auf: Mit meiner realen Art, einfach man selbst zu sein, womit ich in der Grundschule total klargekommen war, fand ich mit den anderen keine gemeinsame Wellenlänge. Welcome to the fake world! Ein bisschen wie YouTube und Instagram heute, oder?

Und noch etwas geschah damals. Weil meine beste Freundin bei uns im Haus wohnte, auch Muslima war und wir gemeinsam die Koranschule besuchten, lebte ich in meiner eigenen kleinen Welt aus Freunden, Familie und Religion. Ich kannte nur herzliche und nette Menschen. Ich kann mich an nichts Negatives, an keine schlechten Erfahrungen erinnern.

Als ich in die fünfte Klasse kam, änderte sich das. Ich war zum ersten Mal geschockt von Deutschland. Die Leute aus meiner Klasse hatten alle kein Benehmen. Selbst diejenigen, die aus einem muslimischen Haushalt kamen, hatten keinen Respekt vor Älteren oder eine große Fresse vor den Lehrern. Das kannte ich alles nicht und merkte zum ersten Mal, dass es auch andere Moslems gibt.

Überhaupt waren die Jungs ganz anders als die, die ich aus der Koranschule kannte. Auf einmal wurde ich dumm angemacht und Schlampe genannt. Richtig ekelhaft. Ich dachte ständig: Hast du keine Schwester? Du heißt Serkan, aber benimmst dich wie der letzte Idiot. In der Rapwelt ist das eigentlich genauso. Dieses Gefühl habe ich oft, seitdem ich mit Rap zu tun habe.

Aber auf der weiterführenden Schule änderte sich noch etwas anderes. Alles wurde irgendwie oberflächlicher. Die Gruppe um unsere Klassensprecherin wurde immer größer. Mal wurden ein paar Mädels wieder rausgeekelt. Dafür kamen dann neue dazu. Aber Sibylle war die Anführerin und gab den Ton an. In der achten Klasse fing ich an, nicht mehr in die Schule zu gehen. Ich hatte einfach keinen Bock mehr. Denn es gab wirklich ein paar Leute, die mir die Lust an der Schule nahmen. Alles drehte sich eigentlich nur noch um Sibylle. Sie war die Anführerin und bestimmte, wo es langging. Alle Mädchen aus der Klasse umschwärmten sie und versuchten, cool mit ihr zu sein – und waren sich auch nicht zu schade, Sibylle jeden Wunsch von den Lippen abzulesen. Wir waren, denke ich heute manchmal, wirklich ihre kleinen Hunde.

Als Sibylles Freund Geburtstag hatte, brauchte sie ein Geschenk für ihn. Weil sie dafür aber nicht genug Geld hatte, lag es an uns, welches aufzutreiben. Also liefen sieben Mädels, darunter ich, mit Bechern durch die unteren Klassen und mussten Geld für eine Hilfsorganisation sammeln, die es natürlich gar nicht gab. Mit dem gesammelten Geld, ungefähr fünfzig Mark, konnte Sibylle, die sich die Finger natürlich nicht schmutzig gemacht hatte, ihrem Freund ein Parfüm und Kinokarten kaufen.

Eine Zeit lang kroch ich Sibylle ebenfalls in den Arsch. Aber in der achten Klasse fing ich auch an, mich zu fragen, warum ich seit der fünften Klasse im Grunde nur für dieses andere Mädchen gelebt hatte. Was hatte Sibylle mir denn gegeben? Nichts! Ich sprach darüber auch mit den anderen Mädels, aber alle fanden Sibylle cool und waren ihr dankbar für alles, was sie angeblich für uns getan hatte. Ich machte mit, weil ich Angst hatte, nicht mehr dazuzugehören.

Als ich anfing, manche Sachen zu hinterfragen, merkte ich, wie die Gruppe mich nicht mehr dabeihaben wollte. Dann waren Bundesjugendspiele. Ich war zu der Zeit übertrieben sportlich und richtig gut. Ich nahm beim Sprint über hundert Meter den ersten Platz ein. Auf dem zweiten landete Zeynep, eine der besten Freundinnen von Sibylle, die eigentlich den Ruf hatte, die beste Sportlerin der Stufe zu sein. Der Terror ging los, als ich an ihr vorbeizog und den ersten Platz belegte. Als bei der Urkundenübergabe mein Name genannt wurde, gab es keinen Applaus, sondern Empörung. Alle waren der festen Überzeugung, dass Zeynep die Urkunde für den ersten Platz verdient hätte. Niemand wollte akzeptieren, dass sie nur den zweiten Platz gemacht hatte. Niemand wollte mir den Sieg gönnen. Richtig hängen geblieben! Auch danach hagelte es in einer Tour böse Blicke und gehässige Kommentare. Aus Angst, überhaupt nicht mehr dazugehören zu dürfen, beschloss ich, die Urkunde wieder abzugeben.

Der Lehrer, dem ich das Papier in die Hand drückte, wunderte sich zwar, aber die Lehrer bekamen natürlich mit, was vorging. Trotzdem nahmen sie es nicht ernst und waren der Meinung, das seien nur kleine Streitereien und Scherze zwischen Kindern. Oder sie wollten einfach nichts damit zu tun haben.

Für mich änderte sich danach alles. Ich fing an, nicht mehr mitzuspielen. Als Sibylle eines Tages Stress mit ihrer besten Freundin hatte, machte sie sie vor der ganzen Klasse so runter, dass danach niemand mehr etwas mit der besten Freundin zu tun haben wollte. Also bot ich mich als Gesprächspartnerin an und hielt als Einzige zu ihr, was Sibylle ein Dorn im Auge war. Als die beiden sich wieder vertrugen, fing die Freundin – obwohl ich mich für sie eingesetzt hatte – an, vor Sibylle zu behaupten, dass ich über sie gelästert hätte. Richtig schlimm. Aber so sind Menschen nun mal.

Seit diesem Vorfall lebte ich nach dem Motto »Ist der Ruf erst ruiniert, lebt es sich recht ungeniert«. Mir war egal, wer etwas Schlechtes über mich dachte oder sagte.

Zu der Zeit war »O.C., California« die Serie überhaupt. Jeder in der Klasse guckte sie. Sibylle und ihre Mädels nannten sich sogar OC Gang, weil sie so große Fans der Serie waren. Natürlich wurde jede Woche nach der neuesten Folge über die Serie gesprochen – und wer nicht wusste, wie es weiterging, war raus.

Ich wurde richtig ausgegrenzt und gemobbt. Auch von den Mitschülern, die mit der Sache nichts zu tun hatten. Sie alle taten so, als ob sie davon nichts mitbekommen würden. Dabei bekommt es jeder mit, wenn gemobbt wird. Aber wie soll man von Kindern in diesem Alter so etwas wie Zivilcourage erwarten? Ich war nicht die Einzige, die gemobbt wurde. Andere wurden zur Zielscheibe, weil sie die falschen Klamotten anhatten, zu dick waren, irgendwelche coolen neuen Sachen nicht kannten, ja, selbst wenn sie einfach nur ihr Maul hielten. Wenn man nicht die Meinung der Mehrheit vertrat oder anders aussah, wurde man ausgegrenzt. Kinder sind gnadenlos und checken sofort, was anders ist.

In der Klasse wusste jeder, was abgeht. Ich würde sogar sagen, dass die Lehrer es auch wussten. Aber sie schauten weg. Mobbing wurde damals noch mit Ärgern gleichgesetzt. Aber das war nicht einfach nur Ärgern, das war das systematische Fertigmachen eines Einzelnen über das gesamte Schuljahr hinweg. Von den Lehrern hätte ich mir mehr Aufmerksamkeit dafür gewünscht.

Eines Morgens kam ich zu spät zum Unterricht. Jeder, der zu spät kam, war ein gefundenes Fressen für die Klasse und bekam auf dem Weg von der Tür zu seinem Platz einen Spruch nach dem anderen reingedrückt. Auch ich. Während ich zu meinem Platz lief, hörte ich, wie in meinem Rücken eine von Sibylles Freundinnen etwas Ekelhaftes in meine Richtung sagte – und bekam im selben Moment starkes Nasenbluten. Elena feierte sich natürlich dafür, während ich sofort wieder aus dem Raum lief.

Das war endgültig der Moment, in dem ich keine Lust mehr auf den ganzen Quatsch hatte. Ich wollte erst die Klasse, dann die Schule wechseln. Raus aus Wuppertal, in eine andere Stadt. Einfach raus aus dem ganzen Scheiß. Weil das nicht so einfach war, ging ich immer seltener in die Schule. Immer, wenn es krachte, ging ich nach Hause und kam erst in der nächsten Woche wieder. Eigentlich wäre ich gerne in die Schule gegangen, aber meine Mitschüler sorgten dafür, dass ich keinen Bock mehr hatte.

Ich hab keinen deutschen Pass mit einem goldenen Adler drauf

Ich war zwar ein kleines, aber kein besonders ängstliches Kind. Eigentlich gab es nichts, vor dem ich mich fürchtete oder von dem ich dachte, dass es mir oder meiner Familie etwas anhaben könnte. Außer der Angst, aus Deutschland wegzumüssen.

In den ersten Jahren in Deutschland machte ich mir über meinen Aufenthaltsstatus keine Gedanken. Wie denn auch? Man ist ja noch ein Kind, geht in den Kindergarten oder die Schule, und das war's. Aber dann passierten zwei Dinge.

Zum einen hatten sowohl Ramadan und Hannan als auch Moe und ich Freunde, die von jetzt auf gleich abgeschoben wurden. Da verstand ich zum ersten Mal, dass uns das auch passieren könnte.

Und ich las zum ersten Mal die Briefe. Und die verstand ich besser als Mama. Ich verstand, dass die ganze Familie alle ein bis zwei Jahre in die Asylbehörde musste, um dort unseren Aufenthalt zu verlängern. Koste es, was es wolle. Wenn wir einen Termin am Vormittag bekamen, mussten wir dafür auch die Schule schwänzen. Das war ja nicht einfach irgendein lapidarer Termin, sondern es ging um unser Leben!

Um den Aufenthalt hier in Deutschland zu verlängern, musste man jedes Mal endlos viele Papiere zusammentragen: über die Größe der Wohnung, woher wie viele Einkünfte kommen, welche Ausgaben man hat. Im Grunde eine Rechtfertigung dafür, dass man bleiben durfte. Jedes Mal aufs Neue musste man trotz Termin stundenlang warten, sich vor einem wildfremden Menschen quasi komplett nackt machen. Je älter wir wurden, desto nerviger wurden diese Termine. Ich verstand nach und nach, was das für eine Schikane war. Jedes Mal fehlten irgendwelche Nachweise oder Bescheinigungen, die ganze Mühe war umsonst gewesen, und es ging wieder von vorne los. Termin besorgen, stundenlang warten, sich nackt machen.

Immer, wenn wir endlich fertig waren und die Asylbehörde mit einem verlängerten Aufenthaltstitel verließen, sagte Mama: »Damit wir das irgendwann nicht mehr machen müssen, müsst ihr gut in der Schule sein. Besser als die deutschen Kinder!«

Damals hinterfragten wir das gar nicht. Aber mit der Zeit wurde uns klar, dass es mit guten Noten in der Schule natürlich nicht getan war, sondern es auch um Dinge wie finanzielle Unabhängigkeit ging. Aber wie soll eine alleinerziehende Mutter von vier Kindern arbeiten und Kinder großziehen? Wir waren automatisch dazu verdammt, Sozialhilfe zu beziehen.

Ich verstand schon, dass ich nicht ohne Weiteres abgeschoben werden konnte. Schließlich waren wir alle als

Kinder nach Deutschland gekommen, kannten nichts außer Deutschland, und in unserem Geburtsland herrschten kriegsähnliche Zustände. Aber ich verstand nicht, warum man uns dann immer wieder dieser Schikane aussetzte, anstatt uns einfach den deutschen Pass zu geben.

Dieser Zustand sorgt dafür, dass man sich immer anders fühlt. Als Mensch zweiter Klasse. Ist doch klar, dass man über die Jahre verzweifelt und abgefuckt wird. Es würde Max Mustermann genauso ergehen, wenn er sich alle paar Jahre vor einer Behörde für seinen Aufenthalt rechtfertigen müsste. Andererseits: Wie will man Empathie für etwas empfinden, was man nicht kennt? Die meisten weißen Menschen, die in Deutschland geboren und aufgewachsen sind, werden Schikanen und Demütigungen dieser Art noch nie erlebt haben, und dementsprechend ist es wahrscheinlich schwer für sie, zu verstehen, wie sich das anfühlt. Das habe ich in meinem Freundeskreis noch vor ein paar Jahren festgestellt. Die Menschen wissen es nicht besser, weil sie diese Schmach noch nie erlebt haben. Eklig ist aber, wenn Leute, die noch nie in dieser Lage waren, meinen, es besser zu wissen.

Bei der Ausländerbehörde herrscht oft Ausnahmezustand. Schon Stunden vorher bilden sich Schlangen, es gibt Schlägereien. Ich werde immer von Frauen und Männern angequatscht, ob ich diesen oder jenen Zettel übersetzen kann. Wahrscheinlich liegt das an meinem Aussehen. Die Leute erkennen, dass ich in Deutschland aufgewachsen bin: eine von uns, die uns bestimmt hilft.

Oft erinnern mich diese Leute an uns. Junge Mütter und

Väter mit Kindern, die spielen und überhaupt nicht checken, warum sie hier sind. Alle spielen mit allen, aber Deutsche gibt es keine.

Man wird in der Ausländerbehörde von oben herab behandelt und hat ständig das Gefühl, selbst an seiner Situation schuld zu sein. Die ganze Situation ist schon angespannt genug, und die Leute behandeln einen nicht gerade nett. Sie machen Dienst nach Vorschrift. Das heißt auch, dass überhaupt nicht geschaut wird, ob das Gegenüber gut, schlecht oder gar kein Deutsch spricht. Aber Dolmetscher gibt es auch keine. Bei den zahlreichen Terminen, die ich bei dieser Behörde hatte, traf ich nur eine Handvoll Male auf einen netten und empathischen Mitarbeiter.

Einer davon stand im Januar 2018 am Schalter, als Ramadan mit Mama einen Termin hatte, damit sie ihre Niederlassung bekommt. Beim letzten Mal wurde der Antrag abgelehnt, weil Mama mit ihren Jobs unterhalb der Bemessungsgrenze blieb. Wohlgemerkt um zweiundvierzig Euro. Man muss sich das mal vorstellen: Obwohl Mama das Recht gehabt hätte, eine Bezuschussung vom Sozialamt zu bekommen, entschied sie sich dafür, selbst noch einen weiteren Job anzunehmen. Und trotzdem entgegnete die Frau am Schalter stur, dass meine Mutter aufgrund dieser fehlenden zweiundvierzig Euro nicht in der Lage sei, sich selbst zu ernähren – vollkommen außer Acht lassend, dass meine Mutter genau das schon seit einigen Jahren tut. Aber die Frau blickte weiter stur auf ihren Schreibtisch und schaffte es nicht, Ramadan oder meiner Mutter dabei in die Augen zu schauen.

Mama kam direkt von ihrem Nebenjob zur Ausländerbehörde. Nachmittags musste sie wieder ran. Das Zeitfenster, in dem sie sich ausruhen und schlafen konnte, war dementsprechend klein. Aber die Chancen standen gut. Mama hat schon lange Jahre eine Wohnung in Hannover und konnte eine Mietschuldenfreiheit nachweisen, noch dazu arbeitet sie in Festanstellung und hat darüber hinaus noch einen Nebenjob. Als der Mann hinterm Schalter mit Mamas Papieren verschwand und eine ganze Stunde nicht wiederkam, war sie natürlich gereizt und nervös. Aber es stellte sich heraus, dass der Typ einfach nur verpeilt war. Irgendwann kam er wieder und beglückwünschte sie zu ihrer Niederlassung. Als sie die in Händen hielt, fiel ihr ein Stein vom Herzen. Eine Niederlassung bedeutet, dass Mama ihren Pass nur noch alle fünf Jahre stempeln lassen muss. Diesen Status hat sie seit 2018. Aber Mama will den deutschen Pass. Das ist ihr Lebensziel. Wenn sie den Adler auf ihrem Papier sieht, dann wird das für sie sein, als wenn alle vier ihrer Kinder geheiratet und Kinder bekommen hätten.

Der nächste Schritt in Sachen Aufenthalt für mich ist der deutsche Pass. Für den muss ich nachweisen, dass ich acht Jahre meines Lebens hier in Deutschland gearbeitet und Steuern gezahlt habe. In meinem Fall könnte man auch eine Ausnahme machen, zumal mir der deutsche Pass mehr Dinge ermöglichen würde. Aber: Ist nicht.

Die Voraussetzungen haben sich über die Jahre auch extrem verändert. Es wurde nicht generell einfacher, aber immerhin einfacher für Menschen wie mich und meine Geschwister, die hier in Deutschland zur Schule gingen. Aber für Leute wie meine Mutter wird es immer schwieriger. Damit Mama die deutsche Staatsbürgerschaft bekommt, muss sie einen B1-Test und einen Einbürgerungstest mit Fragen zur »deutschen Rechts- und Gesellschaftsordnung« ablegen. Nun ist es so, dass Mama zwar Deutsch sprechen, aber nicht lesen und schreiben kann. Natürlich ist es nie zu spät, etwas zu lernen, aber als vierundfünfzigjährige Frau noch diese Sprache zu lernen, ist um einiges schwieriger. Mama lebt seit Ewigkeiten in Deutschland und spricht diese Sprache, sie ist absolut selbstständig – aber ihr wird die Staatsbürgerschaft verwehrt, weil sie nicht weiß, wer 1979 Kanzler war. Ich wüsste gerne, wie viele Deutsche und auch Deutsche mit Migrationshintergrund, die hier zur Schule gegangen sind, das wissen. Wo ist da die Gerechtigkeit? Warum misst man da nicht mit dem gleichen Maß? Stattdessen muss Mama jetzt einen von ihren beiden Jobs aufgeben, um in der Zeit in die Schule zu gehen und für diesen Test zu lernen.

Als ich nach Berlin kam, vergaß ich irgendwann, meinen Aufenthalt zu erneuern. Ich wusste, dass er abgelaufen war, aber weil ich mit anderen Sachen beschäftigt war, bin ich einfach nicht hingegangen. Als es mit SXTN losging, kam auf einmal raus, dass ich keinen legalen Aufenthalt hatte. Aber genau den brauchte ich für das Finanzamt, die GEMA und dergleichen. Als ich bei der Ausländerbehörde ankam, konnte ich keine Papiere vorweisen – also wollte man auch meinen Aufenthalt nicht verlängern.

Die Stimmung bei der Ausländerbehörde ist seltsam. Viele der Menschen, die dort am Schalter sitzen, sind total abgestumpft. Wenn ein Papier fehlt, muss man wieder hin. Wie soll jemand, der arbeitet, das überhaupt hinbekommen? Dank SXTN konnte ich dann schnell gebuchte Shows nachweisen, weshalb ich wieder drei Jahre Aufenthalt bekam. 2018 bin ich mit der Verstärkung eines Anwalts zum Termin gegangen, habe meine Shows und Auftritte vorgelegt und habe jetzt eine Niederlassung.

Haram

Religion spielte nach und nach eine immer kleinere Rolle in unserem Leben. In Deutschland war alles anders. Unser Leben in Kuwait geriet immer mehr in Vergessenheit, und das Leben in Deutschland wurde zur Normalität – und damit ging auch einher, dass die Religion nicht mehr allgegenwärtig war. Irgendwann gingen wir nicht mehr in die Koranschule, weil es zusammen mit der normalen Schule zu viel wurde.

Als gläubiger Moslem fastet man einmal im Jahr im Fastenmonat Ramadan. Erst nach Sonnenuntergang darf man essen. Als Kinder mussten wir natürlich nicht fasten. Aber weil wir wollten, probierten wir es an manchen Tagen trotzdem aus. Die Erwachsenen um uns herum hielten sich streng daran, weshalb wir automatisch Respekt davor hatten. Auch wenn wir Kinder nicht fasteten, achteten wir während des Ramadans darauf, nicht vor anderen zu essen. Aus Rücksicht. Vor allem Jedu zog das Fasten hardcore durch. Er verzichtete am Tag nicht nur auf Essen und Trinken, sondern schluckte sogar seine Spucke nicht herunter, sondern spuckte sie in ein Tuch. Mir war unbegreiflich, wie er das tun konnte. Für mich waren die Sommer manchmal auch so schon unerträglich heiß. Ohne zu trinken, wäre ich kollabiert. Aber Jedu zog das trotz seines hohen Alters durch. Natürlich war er dementsprechend geschwächt. Dass er Diabetes hatte, war auch nicht gerade förderlich.

Wenn die Sonne unterging, wurde das Fasten gebrochen. Immer auf die gleiche Art und Weise. Erst aß man eine Dattel, dann trank man einen Schluck Wasser. Anschließend wurde gebetet. Nach dem Beten wurde das Essen gegessen, das meine Mama und ihre Mutter mit unserer Hilfe den Tag über für den Abend vorbereitet hatten. Erst gab es eine Suppe. Anschließend Injera, Reis mit Hähnchen, Salate, Quarkbällchen, Kekse, Früchte, frisch gepressten Orangensaft.

Jeden Abend saßen wir alle, auch diejenigen, die nicht fasteten, als Familie zusammen und aßen. Das war ein richtiges Happening. Einen Monat lang, jeden Abend. Bevor die Sonne aufging, wurde noch einmal gemeinsam gegessen und gebetet.

Am Ende des Monats wurde Bayram/Eid gefeiert. Das Zuckerfest. In der Schule gab es neben uns eine Handvoll anderer Kinder, in deren Haushalten gefastet wurde und bei denen Bayram/Eid gefeiert wurde. An diesem Tag mussten wir nicht in die Schule.

Ich erinnere mich noch daran, wie ich in der ersten Klasse nach der Schule nach Hause kam und nur schnell meine Sachen ablegen wollte, um draußen mit Moe und den anderen zu spielen.

»Was macht deine Tochter da?«, meinte Jidetti.

»Nura war gerade in der Schule und geht jetzt spielen«, entgegnete Mama.

»Als ich in ihrem Alter war, habe ich schon geputzt. Lass sie doch mal putzen!« Meine Mama fühlte sich unter Druck gesetzt, weshalb ich nicht rausdurfte, sondern putzen musste.

In Kuwait war das normal. Wenn Besuch kam, mussten die Kinder sofort in die Küche und kamen mit Tee und Keksen zurück – ganz egal, ob der Besuch überhaupt Tee und Kekse haben wollte oder nicht. Es ging darum, die Gastfreundschaft zu wahren.

Ich habe früh gemerkt, dass das Leben nach den Regeln des Islam nicht mein Ding war. Ich wollte mich nicht unterordnen. Es fiel mir schwer zu akzeptieren, dieses oder jenes nicht zu dürfen, nur weil ich ein Mädchen war. Das war nicht mein Vibe.

Ich konnte verstehen, warum Mama diese Idee weitertrug. Aber ich machte nicht mit. Und Mama wusste auch, dass sie bei mir nicht weit damit kommen würde. Bei Hannan war das anders. Als Erstgeborene blieb ihr nichts anderes übrig, als sich an die Regeln zu halten. Aber auch mir wurden normale Dinge verboten: nach der Schule mit zu einer Freundin gehen, abends länger wegbleiben, meinen Geburtstag feiern, bei Freundinnen übernachten.

Wenn mir meine Freundinnen in der Schule von ihren Problemen erzählten, verstand ich sie oft nicht. In meinen Augen genossen sie alle Freiheiten der Welt – und doch waren sie ständig unzufrieden und vor allem respektlos zu ihren Eltern. Wenn ich zu Besuch war, kam schon mal eine der Mütter rein, um zu fragen, ob wir etwas zu essen haben wollten. Sofort wurden sie von ihren Töchtern aufs Übelste beschimpft und aus dem Zimmer geschmissen. Aus Loyalität musste ich meinen Freundinnen danach natürlich immer beipflichten. Aber insgeheim verstand ich es nicht. Ich hätte mir gewünscht, auch mal Freunde mit nach Hause zu bringen und von Mama gestört zu werden, weil sie Essen für uns machen wollte.

Es klingt blöd, aber ich war neidisch auf meine Freundinnen – nicht auf die Häuser, in denen sie lebten, auf die Klamotten, die sie trugen, oder das Spielzeug, das sie hatten, sondern auf ihre Freiheiten: Ich wollte auch bei jemandem übernachten, so lange wie die anderen draußen bleiben und in einer gemischten Gruppe aus Mädchen und Jungs zum Bowling gehen.

Je älter ich wurde, umso skeptischer hinterfragte ich dieses Konzept. Ich hatte immer mehr Fragen an Mama. Ich hinterfragte den kompletten Islam. Warum müssen Frauen Kopftücher tragen? Warum dürfen Frauen weniger als Männer? Warum dürfen Männer mehrere Frauen haben? Warum müssen Frauen im Haushalt alles machen? Warum darf Salih seine Dreadlocks wachsen lassen? Warum darf Ramadan länger raus? Alles, was mir unfair vorkam, sprach ich an. Und Mamas Antwort war immer die gleiche: »Frag nicht!«

Irgendwie konnte ich es ja auch verstehen. Von allen Seiten wurde ihre Familie europäisiert: ihr Bruder, ihre Kinder. Ich denke, sie hatte einfach Angst, uns zu verlieren. Nach und nach wurde es wirklich anstrengend. Ich bekam oft Hausarrest. Am Anfang befolgte ich ihn noch. Aber irgendwann setzte ich mich über ihre Vorschriften hinweg. Weil Mama sich nicht anders zu helfen wusste, holte sie sich Hilfe von meinem Onkel Salih.

Aber der war selbst erst siebzehn und hatte sein eigenes Paket zu tragen. Er war selbst noch ein Kind, und plötzlich kam seine Schwester mit ihren vier Kindern nach Deutschland, und er musste ihr helfen. Als ich in der Pubertät war, hatten wir einen krassen Clinch und Streitereien über meine Identität. Er war eher wie mein großer Bruder.

Salih war der Vermittler zwischen uns Kindern und unserer Mutter. Er war unter ähnlichen Umständen wie wir in Deutschland groß geworden und verstand, warum wir Deutschland und das Leben hier so mochten. Während wir das Mama nie so einfach verständlich machen konnten, fiel ihm das als Bruder um einiges leichter. Er war ein Mittelsmann. Wie oft Salih für uns einstand, wenn Mama oder Jidetti und Jedu kein Verständnis für unser Verhalten hatten. Genauso oft stritt er aber auch mit uns, weil wir nicht wertschätzten, was er für uns tat. Das war schon wild.

Oft hat er danach davon erzählt, dass er Angst hatte, unsere Erziehung verkackt zu haben. Aber mittlerweile hat er Pädagogik studiert und ist Erzieher geworden. Und er ist stolz auf den Weg, den ich gegangen bin. Er hat versucht, uns undercover liberal zu erziehen. Damit hat er alles richtig gemacht.

Ramadan setzte sich irgendwann einfach offensiv über die Verbote hinweg. Ich tat das nur heimlich und schlich mich raus. Wir wohnten Parterre, weshalb ich einfach die Jalousien hochzog und aus dem Fenster stieg. Auf genau dem gleichen Weg ließen wir auch Freunde in die Wohnung. Wenn alle drin waren, wurde das Fenster wieder geschlossen, die Jalousien runtergelassen und die Zimmertür abgeschlossen. Aber wir mussten natürlich leise sein, damit Mama uns nicht hörte.

Ich führte ein regelrechtes Doppelleben. Meine Mitschüler wussten nicht, wie ich lebte. Ich log sie ständig an. Es ist schwer, richtige Freundschaften aufzubauen, wenn man die ganze Zeit Lügen erzählen muss. Ich wusste ja nicht, wie sie darauf reagieren würden, dass ich ein ganz anderes Leben als sie lebte. Dass ich anders wohnte, anders aß, anders mit meiner Mutter sprach. Die Leben der anderen klangen alle so gleich und normal, dass man sich da entweder komplett raushielt oder log, um mithalten zu können. Das war ein permanenter Zwiespalt.

Auf Dauer ging mir die Lage zunehmend auf die Nerven. Warum war ich diejenige, die sich extra Mühe geben musste, um in Freiheit leben zu können? Meine Vorsicht wich irgendwann Wut. Oder besser: Mut. Was, dachte ich, will Mama denn tun, wenn ich einfach mein Leben lebe?

Heute ist das anders. Natürlich bin ich durch den Islam beeinflusst. Aber ich lebe weder nach dieser noch nach einer anderen Religion. Ich glaube an Karma und versuche, ein guter Mensch zu sein. Kein Schwein essen, ein Kopftuch tragen, nach bestimmten veralteten Regeln leben – das halte ich nicht für zeitgemäß. Aber sich seinen Mitmenschen gegenüber liebevoll zu verhalten und ihnen mit Respekt und Liebe zu begegnen, schon.

Wenn man stirbt, wird da niemand stehen und sagen:

»Du hast soundso oft Schweinefleisch gegessen, und deshalb bist du ein schlechter Mensch!« Aber wenn du der alten Frau nicht über die Straße hilfst oder der Mutter nicht behilflich bist, wenn sie mit ihrem Kinderwagen die Treppen hinuntermuss, dann wirkt sich das irgendwie aus. All diese Dinge zu tun, ohne dabei im Hinterkopf zu haben, dass einem das irgendwann von Nutzen sein könnte, halte ich für die richtige Einstellung. Ich finde zum Beispiel die Zehn Gebote gut. Das sind alles Dinge, die für mich zu einer guten Erziehung gehören.

Je älter ich wurde, desto klarer wurde mir: So sehr ich will, dass Mama versteht, was mein Problem mit ihrer Religion und dem daraus resultierenden Leben ist, so sehr will auch sie, dass ich ihr Leben verstehe. Wir werden niemals auf einen Nenner kommen. Also lasse ich sie ihr Ding machen und sie mich meins. Mama weiß, wie ich zu vielen Dingen stehe. Aber gleichzeitig weiß sie auch, dass ich ihren Glauben respektiere, akzeptiere und hinter ihr stehe. Ich weiß, dass es ihr damit besser geht und dass es ihr hilft. Ich feiere es sogar, wie meine Mutter ihre Religion auslebt, weil ich finde, dass sie das auf eine sehr moderne Art und Weise tut. Mama ist superoffen, betet jedoch immer für uns. Selbst bei jedem noch so kleinen Treffen. Manchmal sogar, wenn wir danebensitzen!

Mich stört das nicht. Wenn sie das Gefühl hat, dass es uns hilft, und wenn es für sie so elementar ist und ihr hilft, durchs Leben zu gehen – warum nicht?

Aber damals lag ich abends oft wach in meinem Bett und dachte nach. Warum war ich als schwarzes Mädchen geboren worden? In diese Familie? In dieses Leben? Warum war die Welt so ungerecht? Ich stellte mir diese Fragen Abend für Abend und fand doch keine Antworten darauf. Für mich war klar, dass ich nicht in dieses Leben passte.

Reingehauen

Nach und nach begann ich immer mehr zu rebellieren. Ich hörte nicht mehr nur Michael Jackson, sondern vor allem Slipknot, Linkin Park und Korn. Mama schimpfte ständig über die laute Musik. Bei den HipHop-Beats von Ramadan sagte sie hingegen nichts. Aber weil in der Musik, die ich mochte, laute Gitarren zu hören waren und oft nicht nur gesungen, sondern auch geschrien wurde, empfand sie das als gefährlich. Immer, wenn sie ins Zimmer kam und diese Musik lief, fing sie an zu schimpfen und rief: »Fürchte den Teufel, Nura! Hör auf, diese Musik zu hören!« Aber das sagte sie nur, weil die Musik laut war. Hätte ich ihr die Texte der Hip-Hop-Songs übersetzt, die Ramadan und Hannan hörten, wäre die Musik ihnen auch verboten worden!

Ich war in dieser Zeit eine richtige Punkertante. Piercings, Ohrlöcher – alles selber gestochen. Nietengürtel sowieso. Ich trug und machte Dinge, die untypisch für ein schwarzes Mädchen waren – vielleicht, um meine Mutter zu provozieren. Ich hatte sogar eine Ratte! Weil ich sie nicht zu Hause halten konnte, wohnte sie bei meiner neuen besten Freundin Bea. Bea war ein richtiges rebel girl. Sie kam aus einem reichen Elternhaus. Weil ihr Vater einen Schlaganfall gehabt hatte und im Rollstuhl saß, kümmerte sich ihre Mutter um ihn.

Beas Familie war total open-minded. Für sie war es scheißegal, dass ich schwarz war. Und tierlieb waren sie auch. Bea, ihre Schwester und ihr Bruder hatten jeweils eine eigene Etage für sich alleine. Weil Bea eine eigene Wohnung hatte, hatten die Ratten dort sogar ein eigenes Zimmer! Wir chillten in ihrer Wohnung, waren aber auch draußen unterwegs und bauten jede Menge Scheiße. Wir hingen mit älteren Leuten rum, kifften Bong und tranken schon vor der Schule Bier, möglichst so, dass meine Mitschüler das sahen. Wir dachten, dass es ein cooler Move und richtig badass sei.

Gemeinsam mit Bea fasste ich auch den Entschluss, abzuhauen. Wobei das eigentlich gar nicht so geplant war. Ich erzählte ihr davon, dass ich es zu Hause nicht mehr aushielt und beschlossen hatte, abzuhauen. Eigentlich war mein Plan gewesen, dann bei ihr einzuziehen. Aber als ich ihr davon erzählte, meinte sie nur, dass das eine gute Idee sei und sie mitkommen würde. Ich verstand überhaupt nicht, warum. Schließlich kam sie ja aus einem guten Elternhaus. Aber ihr Entschluss stand fest. Ich bekam erst mal Panik. Bea kannte viele Leute, vor allem ältere Typen, und war generell jemand, der schnell Vertrauen zu Fremden aufbaute. Unsere erste Anlaufstelle war die Wohnung eines Freundes von Bea, der in einer richtig heruntergekommenen Messiebude wohnte. Wir pennten auf einer durchgesessenen und dreckigen Couch, um uns herum dreckige Bongs. Deshalb war ich fast schon dankbar, als seine Mutter uns am nächsten Morgen rausschmiss. Weil wir keinen Bock auf Schule hatten, liefen wir einfach ziellos durch Wuppertal.

Zwei Teenager im Alter von zwölf oder dreizehn, die an einem Vormittag unter der Woche durch die Stadt laufen – das erregt natürlich die Aufmerksamkeit der Polizei. Als die Beamten uns kontrollierten, stellte sich heraus, dass Beas Mutter ihre Tochter bereits als vermisst gemeldet hatte. Man brachte uns erst auf die Wache und dann zum Jugendamt, wo Bea schließlich von ihrer Mutter abgeholt wurde. Mich holte keiner ab – aber das wollte ich ja auch gar nicht. Ich erzählte der Mitarbeiterin vom Jugendamt von meiner Situation und kam für ein paar Tage in eine Einrichtung.

Man muss wissen, dass es bei uns einfach nicht klarging, zum Jugendamt oder zur Polizei zu gehen und dort von den Problemen mit der eigenen Mutter zu berichten. Sich als Tochter einer arabischen und muslimischen Frau mit privaten Problemen an jemand Fremden zu wenden und unser Privatleben somit bloßzustellen, war das Schlimmste, was ich hätte tun können. Aber ich tat es trotzdem. Meine Taschen waren ohnehin schon gepackt, weil ich bei Diskussionen in den Monaten zuvor schon öfter damit gedroht hatte, zu gehen.

Bevor ich ins Betreute Wohnen kam, gab es ein allerletztes Treffen. Meine Mutter und mein Onkel auf der einen Seite, eine Mitarbeiterin vom Jugendamt auf der anderen Seite. Mama und ich redeten kein Wort mehr miteinander. Überhaupt war Mama total eingeschüchtert. Die anderen Leute waren ihr fremd, und dass sie darüber hinaus auch noch über unsere Differenzen Bescheid wussten, war noch viel schlimmer. Warum sollten diese Menschen beurteilen, ob sie eine gute oder schlechte Mutter war?

Streitereien hatten wir bis dahin immer privat geklärt. Am liebsten hätte sie mich vermutlich geschnappt und das auch dieses Mal getan. Aber ich wollte nicht. Es ging hin und her, und am Ende antwortete ich auf die Frage, ob ich wirklich nicht mehr nach Hause kommen wolle, mit »Nein«. Ich wusste, wenn ich jetzt einknicke, bekomme ich zu Hause richtig krassen Ärger. Außerdem war mein Plan ohnehin, nur zwei Wochen wegzubleiben. Bis dahin hätte sich die Lage beruhigt.

Anschließend kam ich in ein Betreutes Wohnen für Jugendliche. In dem Haus gab es mehrere Apartments, in denen eine Gruppe von Jugendlichen zusammenlebte. Um in eine eigene Wohnung ziehen zu dürfen, musste man sich hocharbeiten.

Die ersten Tage vermisste ich mein Zuhause. Aber dann wurde mir immer klarer, dass ich jetzt frei war – so frei, wie man als Teenager in einem Betreuten Wohnen eben sein kann. Aber immerhin hatte ich ein eigenes Zimmer. Zu Hause hatte ich mir einen Raum mit Hannan teilen müssen. Jetzt konnte ich selbst entscheiden, wie ich das Zimmer einrichtete, wie laut ich war, welche Musik ich hörte oder wann ich ins Bett ging.

Die ersten Monate verbrachte ich in der Kerngruppe. Fünf Mädchen und Jungen, die von einem Betreuer bewacht wurden. Jeder hatte ein eigenes Zimmer, das Bad musste man sich teilen. Einmal in der Woche musste man für die

Gruppe kochen. Dafür sollte man mit einem bestimmten Betrag einkaufen gehen, das Rückgeld plus die Belege wieder abliefern.

Die meisten hatten natürlich keinen Bock auf komplizierte Rezepte und kauften einfach Tiefkühlpommes oder -pizza. Anschließend wurde zusammen mit einem Betreuer gegessen.

Die Zimmer wurden montags und freitags geputzt – wenn man das gut machte, gab es Taschengeld. Hielt man sich an die Regeln und benahm sich, hatte man gute Chancen auf ein eigenes Apartment.

Wenn man über einen gewissen Zeitraum gut putzte, gut kochte und sich in der Gruppe integrierte, stieg die Chance, aus der Kerngruppe innerhalb des Hauses in ein Apartment mit eigenem Bad und eigener Küche zu ziehen. Im Grunde war das ähnlich, aber statt des Taschengeldes bekam man einen Etat von fünfunddreißig Euro, um damit seine Wocheneinkäufe zu erledigen. Eigentlich eine perfekte Vorbereitung auf ein eigenständiges Leben. Nach einem halben Jahr verließ ich die Kerngruppe und bekam mein eigenes Apartment.

Jeder Jugendliche hatte einen Mentor unter den Betreuern, der Ansprechpartner war und auch die Hilfeplangespräche – kurz HPG – mit den Erziehungsberechtigten führte, die alle drei Monate stattfanden. Meine Mentorin hieß Ute und war richtig cool.

Sie war hippiemäßig drauf. Ein offener Mensch, mit dem ich mich sehr gut verstand. Ute ging auch mit mir zum Elternsprechtag. Das war schon anders, weil sie sich im Gegensatz zu meiner Mutter auch mit meiner Lehrerin unterhalten konnte und verstand, was die Probleme waren.

Aber natürlich gab es auch Streitereien zwischen den Betreuern und den Jugendlichen, weil wir uns ungerecht behandelt fühlten – und meistens war ich es, die diese Revolution anzettelte. Dann stand ich in der ersten Reihe und warf mit irgendwelchen Zahlen um mich: »Ihr bekommt dreitausend Euro im Monat pro Kind? Was macht ihr mit dem Geld?!«

Im Betreuten Wohnen fühlte ich mich anfangs sehr wohl. Zum einen, weil ich ja dort hingewollt hatte. Zum anderen, weil ich dort zum ersten Mal wirklich fair und nach dem Gesetz behandelt wurde – ganz egal, welches Geschlecht ich hatte oder wie alt ich war. Ich hatte das Gefühl, endlich richtig verstanden zu werden.

Kontakt zu Mama hatte ich in der Zeit gar nicht. Wir sahen uns nur bei den Hilfeplangesprächen. Bis auf Moe hatte ich auch mit meinen Geschwistern keinen Kontakt. Aber ich fand schnell neue Freunde. Jugendliche, die zu Hause auch Stress hatten und genau wie ich nach Stationen bei der Polizei und dem Jugendamt schließlich im Betreuten Wohnen gelandet waren. Viele stammten aus Familien, in denen die Eltern Alkoholiker waren und sich seit Jahren nicht um ihre Kinder gekümmert und sich einen Scheiß für sie interessiert hatten.

Da merkte ich zum ersten Mal, dass ich zu Hause eigentlich das genaue Gegenteil erlebt hatte. Egal, wie streng sie manchmal sein konnte, war meine Mutter immer für uns da gewesen und hatte sich um alles gekümmert. Richtig overcaring. Ich merkte, dass ich mein altes Leben doch schätzen sollte – aber zurück nach Hause zu ziehen, wäre nicht richtig gewesen.

Durch die anderen Jugendlichen kam ich auch in Kontakt mit Drogen. Wobei das eigentlich nicht stimmt. Den hatte ich schon ein paar Jahre vorher auf der YOU-Messe. Ramadan wollte mit seinen Freunden dorthin, aber meine Mutter wollte ihm das nur erlauben, wenn er mich mitnahm. Er war natürlich megasauer – auch, weil sie dort kiffen wollten. Damit ich ihn nicht vor Mama verpetzen konnte, musste ich auch am Joint ziehen. Ich fand es in dem Moment eigentlich nichts Besonderes.

Das wurde es erst im Betreuten Wohnen. Marihuana war eine gechillte Droge. Ich rauchte eigentlich immer. Vor der Schule, nach der Schule, während der Schule in den Pausen oder wenn ich nicht hinging.

Ich war noch eine gute Schülerin, aber ich hatte keinen Bock mehr. Keinen Bock, über die richtige Antwort auf eine Frage nachzudenken. Keinen Bock, mich zu melden, drangenommen zu werden, Aufmerksamkeit zu erregen und dumme Sprüche abzubekommen. Ich wollte einfach nur den Tag möglichst unauffällig überstehen. Klar, dass es nur eine Frage der Zeit war, bis meine Noten schlechter wurden. Ich ging kaum noch zur Schule. Meistens verließ ich das Haus, wartete fünf Minuten und ging dann wieder auf mein Zimmer. Als das irgendwann rauskam, vereinbarte die Einrichtung mit der Schule, dass immer angerufen wurde, sobald ich in der Schule angekommen war. Seitdem ging ich mit einer richtigen Wut im Bauch zur Schule. Ich war einfach fertig mit der Welt und wollte nicht mehr in diese Scheißklasse mit diesen Scheißmenschen.

Meine Laune verschlechterte sich Tag für Tag. Zwar hatte ich jetzt meine Freiheit, dafür kaum noch Kontakt zu meiner Familie, die mir jeden Tag mehr fehlte. Ich verstand nicht, warum ich nicht beides haben konnte: ein selbstbestimmtes Leben und meine Familie um mich herum. Das unbeschwerte Leben, das ich bis dahin die meiste Zeit geführt hatte, war irgendwie vorbei.

Auch Musik war überhaupt kein Thema mehr für mich. Während ich zu Hause immer stundenlang vor dem Fernseher zu den Videos von Aaliyah gesungen und getanzt hatte, wusste im Heim niemand, dass ich sang. Ich erzählte keinem davon, und es war mir auch egal.

Ich wünschte mir, dass ich einfach wieder mit meiner Familie zusammenleben könnte und endlich all die Dinge tun dürfte, für die ich gekämpft hatte. Aber das passierte nicht. Was hatte ich Schlimmes getan, dass mein Leben sich so entwickelt hatte? Ich suchte die Schuld bei mir selbst. Es gab niemanden, mit dem ich darüber hätte sprechen können. Weder in der Schule noch im Heim. All diese Fragen, Sorgen und Probleme trug ich mit mir allein herum. Es war nur eine Frage der Zeit, bis mir das aufs Gemüt schlagen würde.

Aus dem Heim auf die Haddsch

In meiner ganzen Zeit im Heim hatte ich nur zweimal Kontakt mit Mama. Das erste Mal war 2003, als meine Betreuer mich fragten, ob ich Lust hätte, meine Mutter, meine Geschwister und Jidetti und Jedu auf eine Pilgerfahrt nach Mekka und Medina zu begleiten.

Vielleicht muss ich kurz erklären, dass diese Pilgerfahrt für viele Muslime der religiöse Höhepunkt des Lebens ist. Sie gehört zu den fünf Grundpflichten des Islam. Jeder fromme Muslim, der gesund ist und es sich leisten kann, sollte einmal im Leben nach Mekka pilgern. Denn dort wurde der Prophet Mohammed geboren, der Gründer des Islam. Wer den Haddsch gemacht hat, darf vor seinen Namen einen Ehrentitel setzen: Ein Mann nennt sich dann Hadschi, eine Frau Hadscha.

Ich hatte – wie meine Geschwister auch – natürlich überhaupt keinen Bock. Hannan machte gleich klar, dass sie nicht mitkommen würde. Aber nachdem Mama uns erklärt hatte, dass alle Cousins und Cousinen, mit denen wir cool waren, auch an der Reise teilnehmen würden, willigten wir schließlich ein. Schon am Bahnhof in Köln, von dem aus wir mit dem Zug nach Frankfurt am Main weiterfahren wollten, stellte sich das als großer Fehler heraus. Mama hatte einfach gelogen! Denn von versprochenen Cousins und Cousinen war weit und breit nichts zu sehen. Wir wurden einfach eiskalt von Mama geprankt!

Vor allem Ramadan hatte sie noch mal anders reingelegt. Ihn hatte sie nämlich schon im Januar gefragt, ob er im Sommer mitkommen wolle. Ramadan war skeptisch gewesen, weil am 1. August des Jahres sein achtzehnter Geburtstag bevorstand. Aber Mama hatte ihm erklärt, dass die Pilgerfahrt nicht auf dieses Datum fallen würde, und er hatte versprochen mitzukommen. Nachdem alle zugesagt hatten, buchte Mama die Reise und legte den Abflug auf den 31. Juli! Ramadan rastete aus, aber nicht mitfliegen war auch keine Option – schließlich hatte Mama schon einiges an Geld für die Reise ausgegeben. Also handelte er mit Mama aus, dass er zwei Wochen früher als wir wieder nach Hause fliegen durfte. Seinen achtzehnten Geburtstag feierte er trotzdem nicht mit jeder Menge Alkohol in irgendeinem Club, sondern mit einer Frust-Zigarette auf dem Dach des Hauses unserer Verwandten.

Aber erst mal stand der Hinflug an, und schon gab es die nächste Diskussion mit Mama. Denn: Avril-Lavigne-Fan, der ich war, hatte ich mir ein paar Wochen zuvor mein erstes Unterlippen-Piercing gestochen – und zwar selbst. Um die Stelle, an der das Piercing gestochen werden sollte, schmerzunempfindlich zu machen, hielt ich mir so lange eine Tiefkühlpizza an die Unterlippe, bis die Haut taub wurde. Dann stach ich eine gewöhnliche Nadel durch die Haut. Eigentlich total easy. Schwieriger war es, das Loch anschließend zu weiten. Dafür schob ich einen meiner Ohrringe durch die noch viel zu schmale Öffnung.

Am nächsten Tag in der Schule entzündete sich die Wunde natürlich, und ich lief einen ganzen Monat mit einer schwarzen Lippe und vermutlich sogar einer leichten Blutvergiftung durch die Gegend.

Mittlerweile war zwar wieder alles verheilt, aber Mama erklärte mir, dass ich das Piercing besser herausnehmen solle, weil mir in Saudi-Arabien sonst eine Verhaftung drohen würde. Ich machte einen riesigen Aufstand, aber als wir in der Luft waren, kam eine Mitarbeiterin der Fluggesellschaft zu mir und bat mich, das Piercing herauszunehmen. Auch um mich herum fingen alle Fluggäste an, sich umzuziehen. T-Shirts, Röcke und kurze Hosen wanderten ins Handgepäck, stattdessen zogen alle lange Gewänder an, und die Frauen versteckten ihre Haare unter einem Kopftuch.

Der Prank meiner Mutter ging einfach eiskalt weiter!

Während wir das Flugzeug verließen, malte ich mir schon aus, was mir in den nächsten Wochen noch an schlimmen Dingen widerfahren würde, als mir auf einmal die furztrockene Wüstenluft entgegenkam. Ich fühlte mich wie in einer Sauna. An das Klima gewöhnte ich mich die gesamten vier Wochen über nicht und hatte ständig Nasenbluten und Kreislaufprobleme.

Die ersten Tage verbrachten wir in Dschidda bei Verwandten von uns. Die Familie hatte kurz zuvor ihren einzigen Sohn, Kamal, bei einem Arbeitsunfall verloren. Logisch, dass Ramadan für die Mädels der Held war und sie ihn den ganzen Tag für sich beschlagnahmten.

Für mich war der Besuch hingegen wirklich anstrengend. Die älteste Tochter der Familie, Hayat, und ihre Schwestern hatten sich komplett ihren Rollen gefügt. Manchmal standen sie – ohne dass ihre Mutter etwas gesagt hatte – mitten im Spiel auf und gingen in die Küche, um dort Tee und Gebäck für den Besuch vorzubereiten. Anschließend brachten sie alles auf einem Tablett ins Wohnzimmer und kamen dann wieder zurück zu uns und taten, als wenn nichts gewesen wäre. Ganz selbstverständlich. So, als ob sie Angestellte in einem Café wären. Das waren Momente, die für mich wirklich schwer zu begreifen waren. Vor allem, weil ich mich dieser Rollenverteilung nicht entziehen konnte.

Ramadan übrigens auch nicht. Zu Hause hatte er lange dafür kämpfen müssen, sich einfach in der Küche aufhalten zu können, um sich dort mal etwas zu kochen. Hier durfte er nicht mal aufstehen, um sich ein Brot zu machen. Er bekam Ärger, weil er es selbst machen wollte, unsere Cousinen bekamen Ärger, weil sie nicht aufmerksam genug gewesen waren.

Dass Ramadan und Moe in diesem Land auf einmal ganz selbstverständlich mehr als ich durften, fand ich trotzdem schlimmer. Insbesondere Moe genoss seine neu erlangte Freiheit in vollen Zügen. Nur logisch, dass wir uns die ganze Zeit stritten.

In Deutschland hatte ich im Heim mittlerweile wirklich viele Freiheiten, aber in Saudi-Arabien durfte ich im Grunde gar nichts – weder ohne Begleitung meiner Brüder noch ohne Kopftuch vor die Tür. Ich kam mir vor wie in einem Knast. Hatte ich mich am Anfang der Reise noch dagegen gewehrt, ein Kopftuch zu tragen, war ich mittlerweile so sauer und schlecht gelaunt, dass ich beim Verlassen des Hauses aus Protest eine Burka trug. Einfach weil ich keinen Bock hatte, auch nur mit irgendwem ein Wort zu wechseln. Wenn ich mal vor die Tür ging, war es dort bei fast fünfzig Grad auch nicht viel besser. Also blieben wir meistens alle zu Hause.

Dass wir uns gemeinsam mit den Erwachsenen im Wohnzimmer aufhielten, kam nicht infrage. Schließlich wurden dort ernste Gespräche geführt. Also verbrachten Ramadan, Moe und ich die meiste Zeit mit unseren Cousins und Cousinen in dem Zimmer der Wohnung, das für die Kinder vorgesehen war. Ramadan nannte ihn immer den »Fantasieraum«, weil es dort bis auf zwei Matratzen wirklich nichts gab und man darauf angewiesen war, seine Fantasie spielen zu lassen. Das einzige coole Spielzeug, das wir hatten, war eine Videokamera. Mama hatte lange darauf gespart. Jetzt hielt sie mit ihr unsere Geburtstage und andere schöne Erinnerungen fest. Während der Reise filmten wir uns mit ihr die ganze Zeit gegenseitig.

Wenn die Erwachsenen nicht da waren, schlichen wir uns ins Wohnzimmer und schauten uns die Aufnahmen dort auf dem Fernseher an. Blieben sie länger weg, trauten wir uns richtig was. Ramadan öffnete das Fenster und drehte an der Satellitenschüssel herum, während einer von uns auf den Fernseher schaute und ihm so lange Kommandos zurief, bis wir statt den arabischen Sendern endlich die amerikanischen Kanäle empfangen konnten.

Wir schalteten auf MTV und pumpten die ganze Zeit Musikvideos. Hayat und ihre Schwestern sangen. Das stellte sich als unsere Connection zu Hayat heraus, die die Videos nicht zum ersten Mal sah und fast noch textsicherer war als wir. Generell fand ich es krass zu sehen, was für eine Lebensfreude die Mädels hatten. Für uns war das ja selbstverständlich, weil wir in Deutschland groß geworden waren. Aber die Mädels hatten ihr ganzes Leben im strengen Saudi-Arabien verbracht und hatten trotzdem so viel Spaß.

Nachdem wir eine Zeit in Dschidda verbracht hatten, fuhren wir für die Haddsch weiter nach Mekka. Dafür tauschten wir unsere bisherigen Gewänder gegen traditionelle weiße Kleidung. Als wir so durch die Straßen in Richtung Bushaltestelle gingen, erkannte natürlich jeder sofort, was wir vorhatten. Wir bekamen ständig Wünsche und Respektsbekundungen zugerufen. Das war schon krass. Leider half das die nächsten vier Stunden auch nicht gegen meine Reiseübelkeit. Von der Hitze und der Beschaffenheit der Straßen mal ganz zu schweigen.

In Mekka angekommen, war das aber schnell vergessen. Als ich aus dem Bus trat, war ich wirklich geflasht und ehrfürchtig. Zum einen von den vielen Menschen, zum anderen aber auch davon, wie sauber es in Mekka war. Der Boden war überall aus Marmor und so rein, dass wir sogar auf ihm aßen. Ich frage mich, warum wir das hier in Berlin eigentlich nicht hinbekommen …

Jedu erklärte uns Schritt für Schritt den Ablauf der

Haddsch, und wir hielten uns an ihn. Dann ging es los. Die Pilgerfahrt kannte ich bis dahin nur aus dem Fernsehen. Aber als wir im Innenhof der großen Moschee standen, wurde mir zum ersten Mal bewusst, wie viele Menschen da eigentlich in was für einem Tempo unterwegs waren. So viele, dass Mama Moe und mich links und rechts an der Hand nahm und uns immer wieder einimpfte, unter keinen Umständen loszulassen.

einDann liefen wir los. Insgesamt umkreisten wir die Kaaba siebenmal. Vor uns waren Menschen, hinter uns auch, neben uns sowieso. Ich erinnere mich, dass wir sogar über andere hinwegstiegen.

An einer Stelle wurde ein lebloser Körper auf Händen aus dem Innenhof transportiert. Der Mensch war wirklich bei dem Haddsch gestorben, totgetrampelt von anderen Gläubigen. Als ich Mama später darauf ansprach, entgegnete sie mir, dass das für denjenigen, hier bei dem Haddsch in Mekka und so nah bei Allah, sicher ein schöner Tod gewesen sei.

Ich weiß, dass Mama sich von der Pilgerfahrt erhoffte, dass ich vielleicht wieder auf den rechten Weg finden würde. Aber ich muss ganz ehrlich sagen, dass das alles nichts mit mir machte. Aber ich tat es dennoch, um meiner Mama einen Gefallen zu tun.

Zurück in Dschidda, feierten wir ein großes Fest mit all unseren Verwandten. Ramadan flog wieder zurück nach Deutschland, während Mama, Moe und ich noch blieben, um Habib zu treffen. Das Treffen war komisch. Habib hatte in der Zwischenzeit erneut geheiratet und einen Sohn namens Kamal, benannt nach dem inzwischen verstorbenen Bruder von Hayat und ihren Schwestern.

Der kleine Pisser hatte nichts Besseres zu tun, als in den Tagen vor unserer Ankunft durch die Straßen zu rennen und überall rumzuerzählen, dass seine Brüder aus Deutschland zu Besuch kommen würden. Als er mich dann sah, beachtete er mich kaum und war total frech – zu mir, aber auch zu meiner Mutter.

Wobei mir das eigentlich egal war. Richtig schade war, wie Habib sich uns gegenüber verhielt. Er tat so, als wenn überhaupt nichts vorgefallen wäre, und entschuldigte sich nicht mal dafür, dass er die letzten Jahre keinen Kontakt zu uns gehabt hatte.

In den nächsten Tagen unternahmen wir trotzdem einige Ausflüge mit Habib. Er zeigte uns das Land und die Stadt, wir gingen in die Mall oder in ein Restaurant, aber es war unangenehm, weil wir kaum sprachen und er uns eigentlich nur zeigen wollte, wie westlich es in Saudi-Arabien ist – um uns unterschwellig davon zu überzeugen, bei ihm zu bleiben.

An unseren letzten drei Tagen in Saudi-Arabien tauchte er gar nicht mehr auf. Kurz bevor wir uns auf den Weg zum Flughafen machten, kam er plötzlich doch noch und wollte uns ein letztes Mal einladen, mit ihm in die Mall zu fahren, damit wir uns etwas aussuchen konnten. Meine Mama war dagegen, schließlich saßen wir schon auf gepackten Koffern, weil unser Flieger ein paar Stunden später gehen sollte. Mama war skeptisch und hatte den Verdacht, Habib würde Moe und mich mitnehmen, aber nicht wieder zurückbringen wollen. Es gab ein Riesentheater, jede Menge Geschrei, und das Ende vom Lied war, dass Habib, wüst auf meine Mutter und Deutschland schimpfend, die Wohnung verließ. Er beleidigte sogar meine Großeltern, diese beiden lieben Menschen, die immer für uns da gewesen waren, als er es nicht gewesen war.

Bis dahin hatte ich, im Gegensatz zu Mama und meinen Geschwistern, immer ein ganz okayes Bild von Habib gehabt. Selbst als er uns gegenüber gar nicht zur Sprache brachte, warum er sich all die Jahre nicht gemeldet hatte, verzieh ich ihm – und das, obwohl das mein gutes Recht gewesen wäre. Aber das hier war der Moment, in dem ich anfing, ihn nicht mehr zu mögen. Ein Umstand, der sich leider bis heute nicht geändert hat.

Vor Kurzem bekam ich aus dem Nichts einen Anruf von meiner Mutter, die sich erkundigte, wie es mir ging. Wenn sie das macht, weiß ich immer gleich, dass irgendetwas ist. Tatsächlich erzählte Mama mir, dass Habib sich über Verwandte bei ihr gemeldet habe. Etwas, das seit Jahren nicht passiert war. Denn nach unserem letzten Aufeinandertreffen hatte niemand aus der Familie je wieder von ihm gehört. Und das, obwohl es Habib immer wieder schlecht ging oder er in Schwierigkeiten steckte. Einmal saß er im Gefängnis und brauchte Geld, um sich freizukaufen. Ein anderes Mal war er krank und brauchte Geld für die medizinische Versorgung. Er meldete sich in solchen Momenten aber nie. Mama erfuhr es von Verwandten oder über mehrere Ecken, weil sie ja in ihrer alten Heimat immer noch gut vernetzt war.

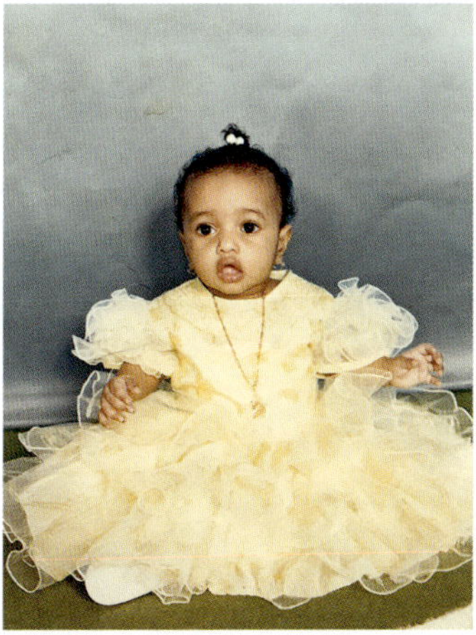

Mein allererstes Fotoshooting hatte ich schon mit knapp einem Jahr.

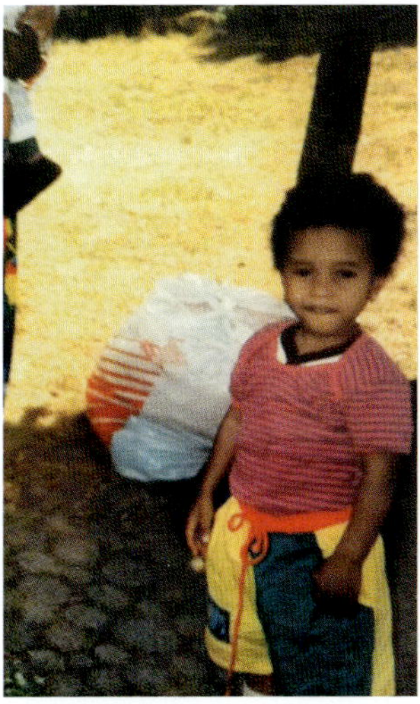

Wie man sieht, war ich als Kind schon sehr modebewusst.

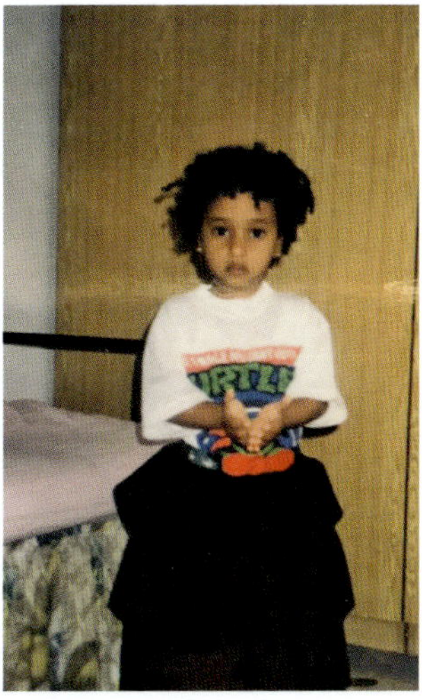

*Drip schon als Kind –
hier im Turtles-Shirt mit Rock (1993).*

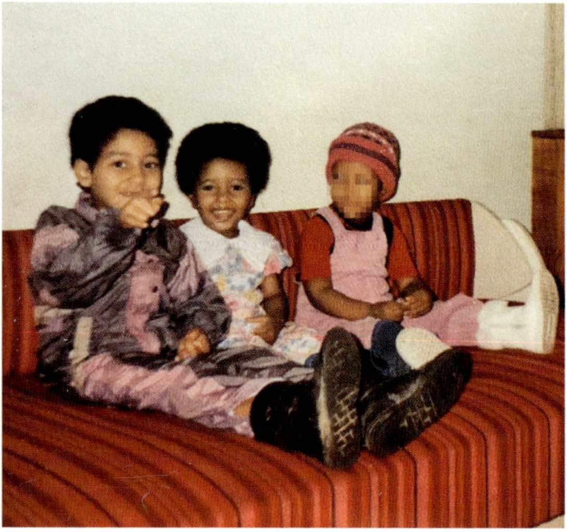

Ausnahmsweise mal ein Herz und eine Seele – Ramadan und ich (1991).

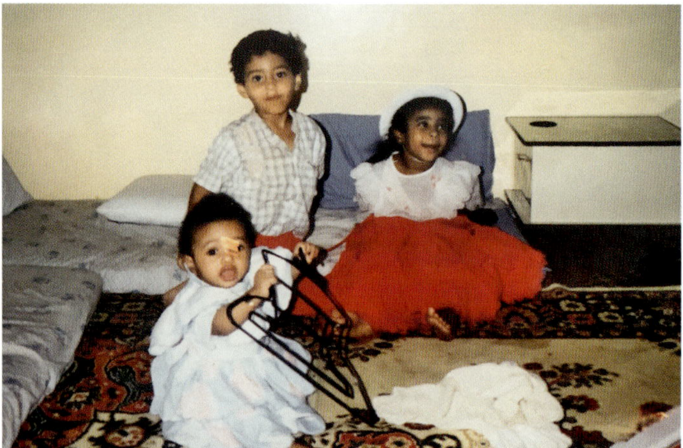

Meine Geschwister in einer unserer gemütlichen Sitzecken bei unseren Großeltern. Moe, Ramadan und Hannan.

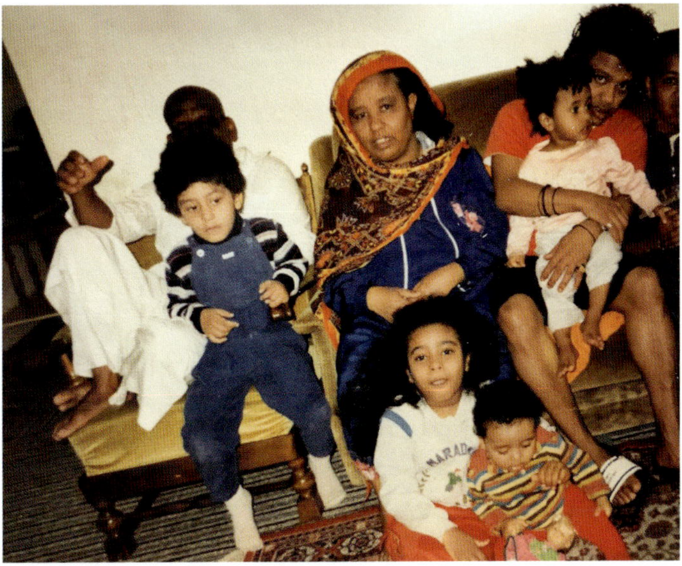

Seltene Aufnahme von meinem Akrobatik-Trainer Musa, außerdem im Bild: Jedu, Ramadan, Jidetti, Hannan, Moe, Nura und Musa (1991).

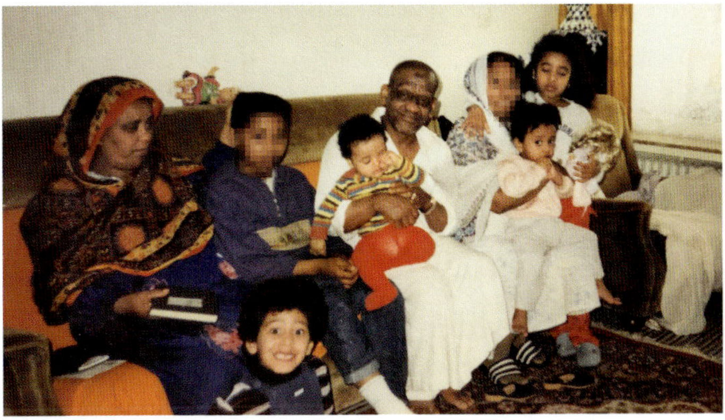

Nächster Versuch – Jidetti, Ramadan, Moe, Jedu, ich und Hannan (1991).

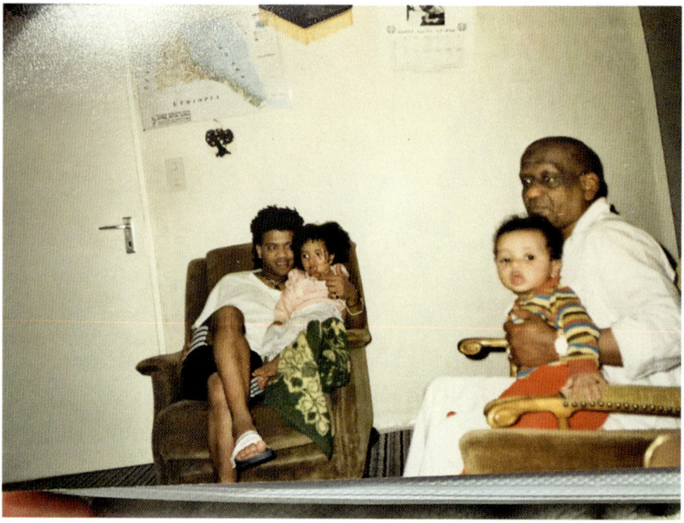

Das waren auf jeden Fall die besten Plätze in der Wohnung. Musa und ich neben Jedu und Moe.

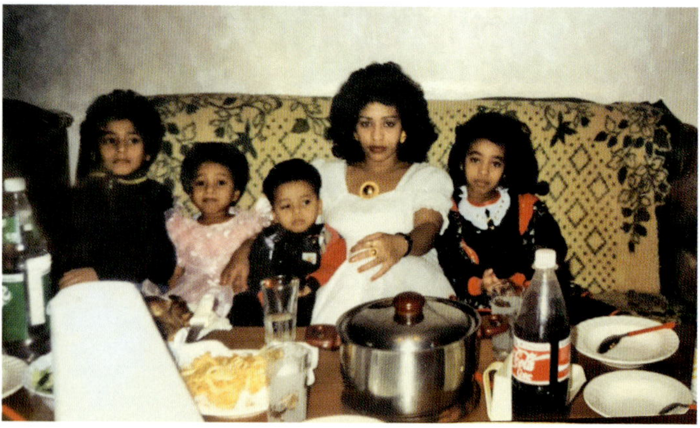

Mein vierter Geburtstag: Ramadan, ich, Moe, Mama und Hannan (1992).

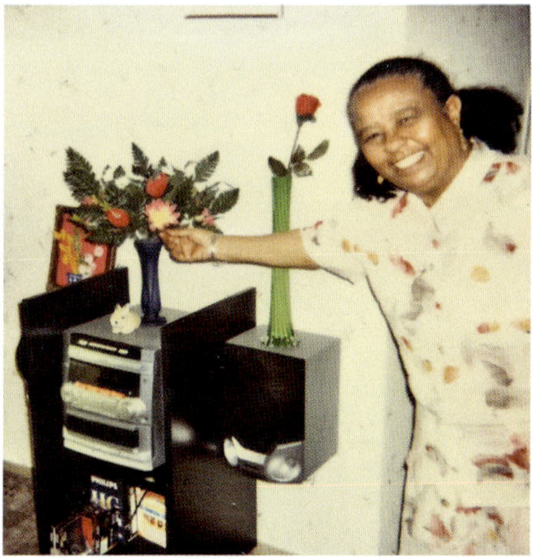

Diese Stereoanlage hat uns allen unglaublich viel Freude gemacht, wie man an Jidetti erkennen kann.

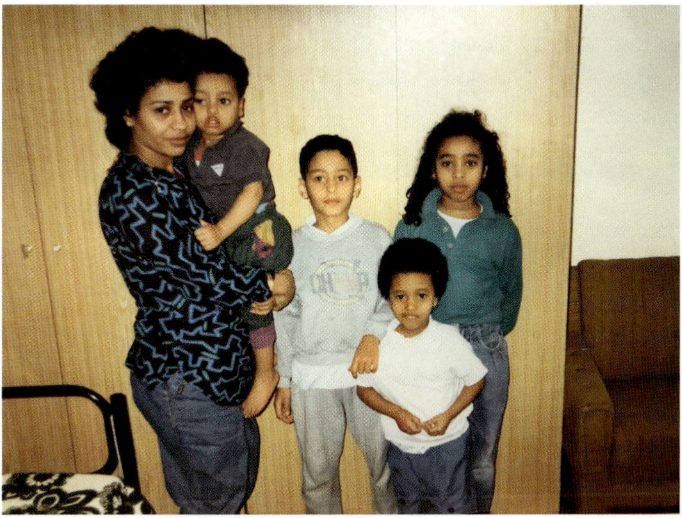

Familienportrait mit Mama, Moe, Ramadan, Hannan und mir (1992).

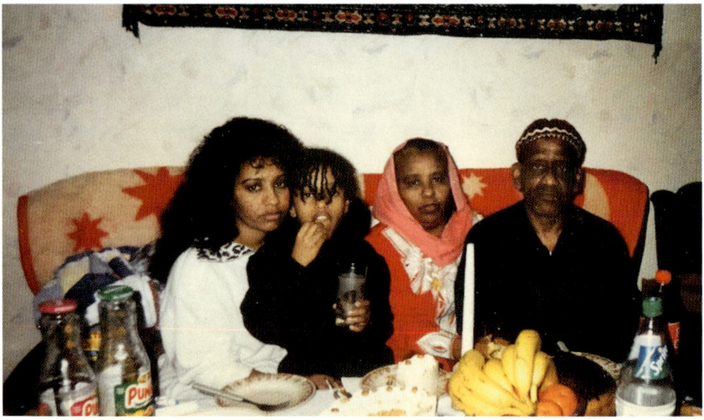

Wieder Geburtstag, wieder Sahnetorte, dafür andere Frisur – mein fünfter Geburtstag mit Mama, Jidetti und Jedu (1993).

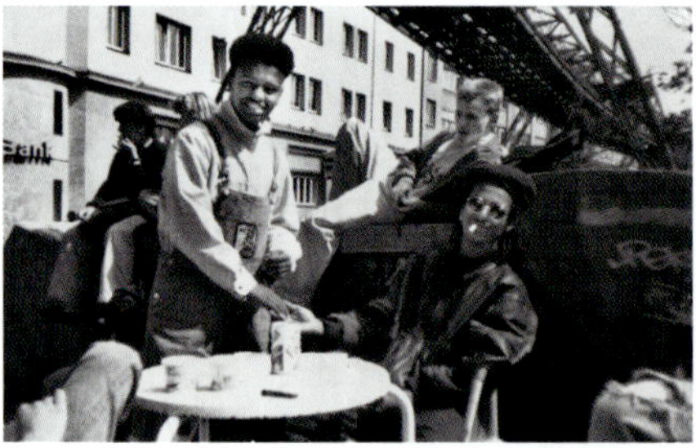

Hier sieht man meinen Onkel Sahli mit seiner »Gang« und seiner Will-Smith-Gedächtnis-frisur direkt unter der Wuppertaler Schwebebahn.

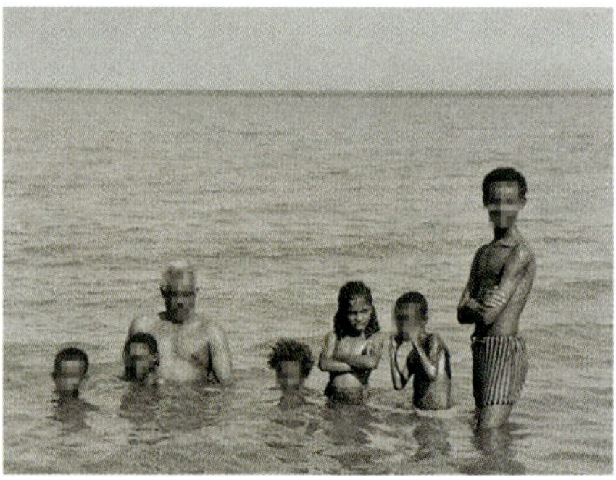

Wie die Tochter, so die Mutter. Mama beim Schwimmen im Roten Meer an der Küste von Massaua (ca. 1970).

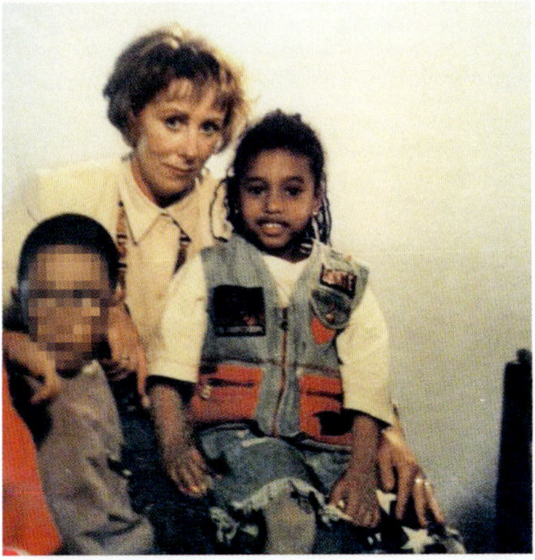

Die Zeit im Kindergarten war mit die schönste: Kindergärtnerin Monika.

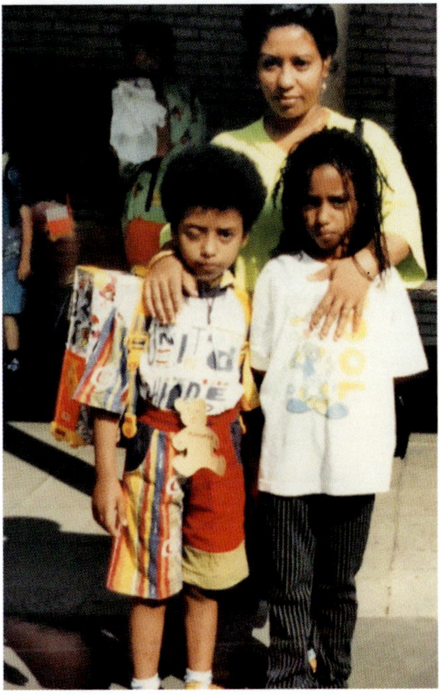

Einschulung von Moe mit Mama und mir (1996).

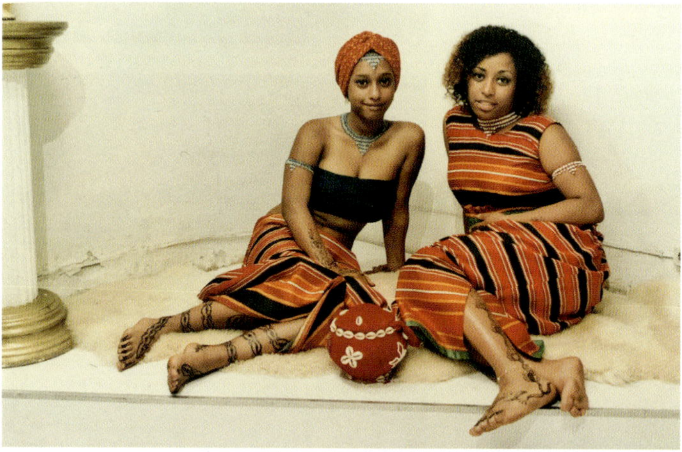

Das Bild mit Hannan ist im Eritrea-Urlaub 2005 entstanden.
Damals noch Henna statt Tattoos.

Im Islam sind solche Meldungen immer auch eine Prüfung für jeden Einzelnen. Was, wenn derjenige, dem es schlecht geht, an seinem Leiden stirbt? Man hat also die Möglichkeit, unter Beweis zu stellen, was für ein guter Moslem man ist, indem man demjenigen hilft. Jedes Mal, wenn wir hörten, dass Habib in Schwierigkeiten steckte, schickten wir ihm also Geld.

Mama erzählte uns, dass Habib dieses Mal besonders schwer erkrankt sei, dringend Geld brauche, und erkundigte sich, ob wir ihm nicht auch aushelfen wollten. Sie und ihre Brüder hätten bereits Geld geschickt. Meine Geschwister waren allesamt dagegen. Schließlich hatten wir fünfzehn Jahre nichts von ihm gehört. Gar nichts. Dass er sich jetzt wieder meldete, war in ihren Augen einfach nur dreist. Mama war von der Reaktion ihrer Kinder natürlich enttäuscht. Denn es stand im Endeffekt auch ihr Ruf auf dem Spiel. Wenn herauskommen würde, dass ihre Kinder in dieser Situation nicht dazu beigetragen hatten, ihrem Vater zu helfen, wäre das am Ende auf sie zurückgefallen. Schließlich hatte sie uns erzogen – und zwar zu schlechten Moslems!

Nach langem Hin und Her beschlossen Hannan, Ramadan, Moe und ich, ihm auch Geld zu schicken – aber ich stellte die Bedingung, vorher mit Habib zu sprechen. Ich wollte einfach gerne von ihm persönlich und aus seinem Mund hören, dass er Hilfe braucht – und ihn bei der Gelegenheit natürlich auch fragen, warum er sich nie wieder gemeldet hatte. Mama meinte, dass ich das vergessen könne, weil er dafür viel zu stolz sei. Aber ich wollte es wenigstens versuchen.

Mama gab mir die Nummer von einem meiner Halbbrüder, und als ich ihn anrief, drehte der komplett durch und freute sich riesig. Habib war zu dem Zeitpunkt aber nicht zu Hause, weshalb ich es ein paar Tage später noch mal probierte und er mich schließlich an Habib weitergab.

Was soll ich sagen? Das Gespräch war seltsam. Es fühlte sich so an, wie wenn ich als Kind mit einem entfernten Onkel sprechen musste, aber eigentlich überhaupt keine Lust auf das Gespräch hatte. Aber ich blieb freundlich und erkundigte mich, wie es ihm ging, worauf er nur entgegnete, dass es ihm wie immer sehr gut ging. Er sprach sogar davon, dass wir uns unbedingt wiedersehen müssten und er schon bald mit allen meinen Halbgeschwistern nach Deutschland kommen werde. Also fragte ich noch mal nach seinem Befinden, aber egal was und wie ich fragte: Er wich aus und beharrte darauf, dass alles in Ordnung sei. Selbst als ich ihn ganz direkt fragte, ob er Geld brauche, verneinte er. Mit ihm darüber zu sprechen, wo er all die Jahre gewesen war und warum er sich nie bei uns gemeldet hatte, machte einfach keinen Sinn.

Im Anschluss hielten meine Geschwister und ich eine Telefonkonferenz ab und beschlossen, ihm dennoch ein letztes Mal Geld zu schicken. Danach brachen wir den Kontakt zu ihm ab. Mit unseren Halbgeschwistern stehen wir aber weiterhin per WhatsApp im Austausch. Somit hat die Sache immerhin etwas Gutes.

Back to the roots

2005 sollte ich meine Mutter ein weiteres Mal auf einer Reise begleiten. Dieses Mal nicht nach Saudi-Arabien, sondern in ihr Heimatland: Eritrea.

Dazu muss man vielleicht erklären, dass ich eigentlich keinen Bezug zu Eritrea habe. Ja, meine Mutter kommt von dort. Aber ich würde Eritrea nicht als meine Heimat bezeichnen. Schon allein aus dem Grund, wie ungerecht dieses Regime seine Bewohner behandelt. Dazu kommt: Unser Haushalt war ja eher arabisch geprägt – bis auf das Essen.

Dementsprechend konnten wir auch Tigrinja, die Sprache von Mama, nicht. Für Mama, aber auch Jedu war das natürlich ein riesengroßes Problem, weil wir nur Arabisch, also die Sprache unseres Vaters konnten, sie aber natürlich ihr Gesicht vor der eritreischen Community wahren mussten. Also mussten wir in Deutschland alle vier ein paar Jahre in die eritreische Schule und lernten Tigrinja dort nicht nur zu sprechen, sondern auch zu lesen und zu schreiben. Wie in der normalen Schule. Der Unterricht fand in einer Kirche statt. Tatsächlich waren wir vier auch die einzigen Moslems, der Rest der Kinder waren Christen. Selbst in diesem Kreis aus Landsleuten wurden wir ausgegrenzt. Ständig wurden wir gefragt, warum wir kein Kreuz tragen und solche Sachen. Ich mochte die eritreische Schule auch nicht besonders, weil dort solche Unterschiede gemacht wurden.

Wahrscheinlich laberten die Kids auch nur das nach, was ihre Eltern sich gegenseitig gesagt haben. Aber Mama musste uns dort in die Schule schicken – einfach um ihr Gesicht vor der eritreischen Community zu wahren. Wie hätte das denn sonst ausgesehen, wenn wir nicht dort hingegangen wären, um die Sprache ihrer Heimat, ja, die Sprache ihres Vaters zu lernen?

Einmal im Jahr gab es auch die eritreische Unabhängigkeitsfeier, die in einer Feuerwehrwache stattfand. Es gab ohne Ende Essen, alle trugen T-Shirts in Rot, Blau, Gelb und Grün – den Farben der eritreischen Flagge – und wir sangen Lieder.

Im Sommer gab es außerdem jedes Jahr die eritreischen Festivals, die jeweils an einem Wochenende in Frankfurt und in Kassel stattfanden. Mama war es immer total wichtig, dass wir dort hinfuhren. Die Festivals waren streng genommen unser Urlaub. Dort wurden einfach komplette Messehallen gemietet – nur mit dem Unterschied, dass keine richtige Messe stattfand. Es gab Stände, an denen man Essen kaufen konnte, und Bühnen, auf denen abends Party gemacht wurde. Zu den Festivals kamen unzählige eritreische Familien aus ganz Deutschland, die natürlich auch irgendwo schlafen mussten, weshalb sie in den Hallen einfach Zelte aufbauten! Wir Kinder konnten uns frei auf dem Gelände bewegen und waren das ganze Wochenende unterwegs, um neue Leute kennenzulernen oder diejenigen wiederzusehen, die wir aus dem letzten Jahr kannten.

Die Dinge, die ich über Eritrea weiß, habe ich in der eritreischen Schule und bei den Festivals gelernt. Aber ich glaube, das liegt auch daran, dass meine Geschwister und ich immer wieder negative Erfahrungen mit der eritreischen Community machten. In Wuppertal wurde ständig über uns geredet, weil wir eine von drei muslimischen Familien in der Community waren. Wir waren anders, und insofern war es ein Leichtes, über uns zu reden.

Mama hat erst neulich erzählt, wie eritreische Freundinnen von ihr sich während unserer Kindheit bei ihr das Maul über meine Schwester zerrissen, weil sie sie mit einem Jungen beobachtet hatten. Dabei war das Ramadan! Aber solche Kleinigkeiten sorgten schon dafür, dass uns die Community auf dem Kieker hatte. Und weil wir keine Lust auf diese Lästerbacken hatten, machten wir unser eigenes Ding.

Aber zurück zu der von Mama angedachten Eritrea-Reise: Der Gedanke, schon wieder mehrere Wochen mit meiner Mutter unterwegs zu sein, ganz ohne Betreuer, gefiel mir nicht. Ramadan hatte nach dem Debakel in Saudi-Arabien von vornherein abgesagt, weshalb nur noch Hannan, Moe und ich übrig blieben. Aber ich war natürlich auch neugierig und wollte das Land kennenlernen, in dem meine Mutter aufgewachsen war, und darüber hinaus auch ihren Teil meiner Familie treffen. Das wichtigste Argument für mich: Im Gegensatz zu unserer Pilgerreise nach Mekka war das hier ein richtiger Urlaub.

Gut, bei unserer Ankunft in Eritrea merkte ich, dass es auch wieder gut vierzig Grad waren – aber das war mir egal. Denn was mir außerdem gleich auffiel: Zwischen Saudi-Arabien und Eritrea lagen Welten. Ich war zum ersten Mal in meinem ganzen Leben in einem Land, in dem meine Hautfarbe keine Rolle spielte. In Eritrea waren einfach alle schwarz und ich auf einmal in der Mehrzahl. Alle sahen aus wie ich. Das war wirklich krass, zumal ich mich gerade in einer echten Identitätskrise befand und mein Schwarz-Sein infrage stellte.

Eritrea ist, was die Religion angeht, zur Hälfte christlich, zur anderen muslimisch geprägt. Dementsprechend offen ist die gesamte Gesellschaft, weshalb ich mich im Gegensatz zu unserer Zeit in Saudi-Arabien richtig frei fühlte. Nicht nur meine Hautfarbe war egal, ich konnte außerdem anziehen, was ich wollte, und ein Kopftuch musste ich auch nicht tragen. Denn wenn Frauen in Eritrea Kopftuch trugen, taten sie das nur, indem sie sich einen Teil ihres Net ela – so wie ich auf dem Cover dieses Buches – über den Kopf legten. Nicht aus religiösen, sondern aus traditionellen Gründen.

Eritrea war einfach das komplette Gegenteil von Saudi-Arabien, wo jeder nur mit sich beschäftigt war und man auf den Straßen ohnehin nur Männer gesehen und dementsprechend so gut wie nichts von dem gewöhnlichen Leben der Einheimischen mitbekommen hatte. Aber hier sah man das kulturelle Leben in all seinen Facetten. Leider auch die Armut. Die Häuser und die Straßen waren in keinem guten Zustand. Kinder verkauften schon mit sechs oder sieben

Jahren Kaugummis und Zigaretten. Kranke und alte Menschen bettelten am Straßenrand.

Natürlich hieß das auch, dass wir bei unserer Hinreise ohne Ende Stuff für die Verwandten einpackten und mit zum Bersten gefüllten Koffern in Eritrea ankamen. Wir hatten alles dabei: Lebensmittel, die es nur in Deutschland gab, genauso wie ausrangierte Klamotten und Schuhe von uns. Gleich am ersten Tag stellten wir uns mit den Koffern auf die Straße und verteilten die Sachen, die uns aus den Händen gerissen wurden.

In Eritrea war alles anders. Plötzlich mussten wir darauf achten, was wir aßen. Die Hygienevorschriften in Eritrea waren entweder gar nicht existent oder deutlich andere als in Deutschland, weshalb Fleisch für uns genauso verboten war wie Milchprodukte. Warmes Wasser gab es auch nicht. Als ich bei unserer Ankunft gesehen hatte, wie Mama den Wasserkocher aus ihrem Koffer holte, hatte ich sie noch ausgelacht. Aber als es ans Duschen ging, verstand ich, wie schlau sie eigentlich war. Ja, Eritrea ist ein warmes Land, aber ich dusche grundsätzlich nicht kalt. Was das angeht, bin ich eine richtige Mimose. Insofern muss ich sagen, dass mir Mamas Wasserkocher in dem Moment das Leben rettete, weil Hannan und ich dank ihr regelmäßig duschen und uns die Haare waschen konnten. Für die sanitären Anlagen hatte allerdings auch Mama keine Lösung in ihrem Koffer. Hätte ich das vorher gewusst, wäre ich vielleicht noch mal im Flugzeug aufs Klo gegangen. Aber so musste ich die gesamten fünf Wochen, wie alle anderen auch, die Plumpsklos benutzen.

Aber irgendwie war das egal. Denn trotz alldem waren die Menschen in Eritrea unglaublich herzlich und durchgehend gut gelaunt. Auch, weil die ganze Zeit Musik am Start war. Ich fand das so nice! Während das im arabischen Raum überhaupt nicht erlaubt war, lief hier überall Musik, zu der gesungen und getanzt wurde. Abends zogen Hannan und ich manchmal los, trafen uns mit Habeshas in unserem Alter und gingen in eine Bar mit Livemusik, wo Frauen und Männer gemeinsam feierten. Im Grunde war das wie in Europa – mit dem einzigen Unterschied, dass wir alle schwarz waren und es keine weißen Menschen gab.

In Eritrea lernte ich zum ersten Mal auch große Teile der Familie meiner Mutter kennen, wie die Schwester von Jidetti und Onkel Nuri, die beide kurz darauf leider verstarben. Am Ende unserer Reise fuhren wir auch nach Massaua, der Geburtsstadt von Mama. Und was soll ich sagen? Diese kleine Küstenstadt am Roten Meer war einfach wunderschön. Wenn sie nicht vom Krieg so zerstört worden wäre, hätte sie es locker mit den Malediven aufnehmen können.

Mama in dieser Stadt zu sehen, so glücklich und gerührt von den Erinnerungen an ihre Kindheit, war wirklich schön. Mama wurde in der Zeit in Massaua richtig nostalgisch. Sie zeigte uns ständig irgendwelche Orte, an denen sie als kleines Mädchen gespielt hatte. Besonders schöne Erinnerungen hatte sie an den Strand und das Rote Meer. In ihrer Kindheit gab es keinen Tag, an dem sie nicht geschwommen war. Sie war ein richtiges beach girl.

Ihr beim Erinnern zuzuhören, ihr Heimatland zu sehen und zu erleben – all das machte etwas mit mir und brachte mich ihr näher. Auch wenn wir danach erst mal wieder getrennte Wege gingen.

Während unserer Zeit in Eritrea hörten Hannan, Moe und ich ständig den Song »Trost (Es tut weh)« von Glashaus. Insbesondere auf den langen Autofahrten durchs Land. Draußen zogen die vom Krieg zerstörten Häuser an uns vorbei, die auch Jahrzehnte nach den Angriffen immer noch nicht wiederaufgebaut worden waren, und dennoch schienen die Menschen, die in ihnen lebten, irgendwie glücklich zu sein.

Glashaus – Trost (Es tut weh)

REF.

Es tut weh,
so weh
so weh.

Von Gefühlen getrieben,
die sonst keiner hat,
ist es schwierig zu lieben.

Das dünne Eis ist auch glatt,
ich kenn diese Stelle,
ich war da selbst schon.

Du siehst deine Felle,
doch sie schwimmen davon,

vielleicht hilft es ein bisschen,
dort, wo du gerade bist,
zu hören und zu wissen,
dass ich weiß, wie es ist.
Ich spreche von Herzen,
glaub mir, ich seh das Leid und die Schmerzen.

Allein und verlassen vom Rest dieser Welt,
beginnt man zu hassen, was die Seele entstellt.
Ich sing diese Zeilen, um ein Trost zu sein,
vielleicht helfen sie einem, nicht loszuschreien,
vielleicht hilft es ein bisschen, dort, wo du gerade bist,
zu hören und zu wissen, dass ich weiß, wie es ist.
Ich spreche von Herzen,
glaub mir, ich seh das Leid und die Schmerzen.

Verdammt und verraten,
verloren und verkauft,
kann man lange drauf warten,
doch der Schmerz hört nicht auf.
Das von Kränkung durchbohrte Herz erstickt an der Last,
vielleicht geben meine Worte einem ein wenig mehr Kraft,
vielleicht hilft es ein bisschen, dort, wo du gerade bist,
zu hören und zu wissen,
dass ich weiß, wie es ist.
Ich spreche von Herzen,
glaub mir, ich seh
das Leid und die Schmerzen.

Ab achtzehn

Die Gruppe im Betreuten Wohnen bestand aus den unterschiedlichsten Kindern mit den unterschiedlichsten Schicksalen, aber auch unterschiedlichsten Krankheiten. Angelo hatte zum Beispiel eine Leberkrankheit, während Ali mit seiner Familie aus dem Irak geflohen und ganz neu in Deutschland war. Er hatte ein Trauma erlitten und brachte ständig irgendwelche komischen Aktionen. Zum Beispiel erzählte er uns, ohne eine Miene zu verziehen, dass er ein Spion vom Jugendamt sei, der die Betreuer testen solle. Ein anderes Mal löste er den Feueralarm aus und begründete es hinterher damit, dass es Teil seiner Mission sei.

Maria und Martin litten an Epilepsie, weshalb alle Kinder an einem Lehrgang teilnehmen mussten, um auf einen eventuellen Anfall von einem der beiden vorbereitet zu sein. Und das kam oft vor. Martin hatte richtig krasse Anfälle, die aus dem Nichts kamen und bei denen er nicht selten umkippte. Maria merkte man das hingegen sofort an und konnte sie unterstützen.

Maria war in der Zeit auch so etwas wie meine beste Freundin. Das einzige Problem war, dass sie nicht nur Epilepsie, sondern auch Schizophrenie hatte. Zwei Krankheiten, die übrigens oft in Kombination auftreten. Nachdem Maria einen Anfall hatte, warf sie mir oft vor, dass ich sie beklaut hätte. Sich zu rechtfertigen brachte aber auch nicht viel.

Im Nachhinein muss ich sagen, dass das Zusammenleben im Betreuten Wohnen schon anstrengend war. Ja, wir waren Freunde und manchmal vielleicht sogar so etwas wie Geschwister, aber wirklich vertrauen konnte man sich gegenseitig, ehrlich gesagt, trotzdem nicht.

Das sorgte natürlich dafür, dass die Stimmung immer schlechter wurde: Die Ersten fingen an zu geiern, und irgendwann traute keiner mehr dem anderen über den Weg. Wir wurden missgünstig. Noch vor dem Frühstück gingen Leute in die Küche und bunkerten Packungen mit Käse und Wurst, bis für andere nichts mehr übrig blieb. Das war ein richtiger Überlebenskampf. Die Konsequenz: Der Kühlschrank bekam ein Schloss.

Die Wochenenden sahen eigentlich immer gleich aus: Für Clubs oder Bars waren wir noch zu jung, also hingen wir meistens draußen oder bei irgendwelchen älteren Leuten ab, die schon eine eigene Wohnung hatten. Wir tranken Alkohol oder nahmen andere Drogen. In den Hilfeplangesprächen gab es auch keinen wirklichen Fortschritt. Wenn Mama kam, sagte sie kein Wort. Wohlgemerkt: wenn sie kam. Oft tauchte sie auch gar nicht auf, und stattdessen schaute mein Onkel Salih vorbei.

Mit achtzehn ist man in der Bundesrepublik volljährig, was auch heißt, dass man nicht mehr im Heim wohnen kann. Bei mir war es Ende 2006 so weit. Aber ich wurde zum Glück nicht einfach von einem auf den anderen Tag vor die Tür gesetzt, sondern bereits in den Jahren davor auf den Eintritt in die Erwachsenenwelt und ein Leben auf eigenen Füßen vorbereitet. Schon vor meinem achtzehnten Geburtstag bekam ich eine sogenannte Inspe an die Seite gestellt, mit der ich mich einmal in der Woche traf und die mir dabei half, eine Wohnung zu suchen und einen Umzug zu organisieren. So kam es, dass ich schon kurz vor meinem 18. Geburtstag in meine erste eigene Wohnung in der Löwenstraße zog. Auch nach meinem Auszug wurde ich weiter von ihr betreut und klärte mit ihr zum Beispiel meine Finanzen – viel mehr aber auch nicht.

Im Heim hatte ich zwar jeden Tag zu tun gehabt, aber das meiste waren nur sinnfreie Beschäftigungsmaßnahmen gewesen. Ich hätte gerne erfahren, worauf man achten musste, wenn man Verträge unterschrieb, eine Wohnung beim Amt anmeldete oder wie man sich für den besten Stromanbieter entschied. Aber das hatte mir niemand erklärt.

Abgesehen von den Gesprächen mit der Inspe hatte ich wenig Kontakt mit der Außenwelt. Klar, irgendwie war ich glücklich über meine erste eigene Wohnung. Aber ich hatte keine wirkliche Ahnung, wie es mit meinem Leben weitergehen sollte. Das Verkriechen und Verbarrikadieren, mit dem ich schon im Heim angefangen hatte, ging auch in meinen eigenen vier Wänden weiter. Ich war immer noch übertrieben unglücklich mit meinem Leben. Ich ging einfach nicht mehr raus, sondern zog die Vorhänge zu und blieb auf dem Sofa oder im Bett. Auch im Hochsommer, als alle meine Freunde auch abends noch draußen chillen wollten, ging ich nicht vor die Tür. Ab und an kamen mal ein paar Leute vorbei, aber so richtig verstanden sie auch nicht, was mit mir los war. Sobald sie anfingen zu planen, wo man jetzt in der Stadt hingehen könnte, machte ich dicht.

Ich verstand nicht, warum mich alle alleinließen. Die anderen verstanden nicht, warum ich drinnen bleiben wollte.

Ich kannte es ja nicht, dass sich ein Elternteil mit mir hinsetzt und meine Probleme, Ängste und Sorgen mit mir durchspricht, wir gemeinsam eine Lösung finden oder überlegen, was man tun könnte, damit es mir besser gehen würde. Und etwas, das man nicht kennt, kann man ja auch nicht vermissen. Ich machte das alles also einfach mit mir selbst aus. Wenn ich Fragen hatte, stellte ich sie mir selbst. Immer und immer wieder. Ich argumentierte, diskutierte, wog ab, dachte nach – so lange, bis ich Antworten fand.

Jeder, der ins Heim kam, musste auch zur Therapie. Das war Pflicht. Ich hasste es damals und schämte mich dafür. Vor allem wollte ich unter keinen Umständen, dass jemand in der Schule davon erfuhr. In der Zeit fing ich auch mit dem Ritzen an. Ich hoffte, dass die Betreuer es sahen, meiner Mama davon erzählten und sie mich daraufhin wieder zu sich nach Hause holen würde. Meine Wunschvorstellung war, dass sie ins Heim kommt, mir sagt, dass es ihr leidtut und sie mich so akzeptieren wird, wie ich bin. Etwas, das natürlich nie passierte.

Ich wusste damals nicht, dass ich depressiv bin, sondern dachte, dass das einfach nur Phasen von Traurigkeit sind. Aber nur, weil ich nichts im Leben hatte, das mich glücklich machte, sah ich dieses Gefühl als normal an. Dass es immer dunkel sein musste, ich mich alleingelassen oder unwichtig fühlte, dass ich mich für Aufmerksamkeit ritzte – das alles war für mich ganz normal. Ich war damit ja auch nicht die Einzige im Heim. Viele ritzten sich, um so ihr Inneres zu zeigen. Wir hatten alle ein Lächeln im Gesicht, aber unsere Herzen haben immer geweint.

Ich bin jemand! Ich träume viel. In dieser Zeit lag ich oft auch tagsüber im Bett und hatte richtig krasse Tagträume. Ich sang vor mich hin und sah mich dabei selbst mit irgendwelchen Leuten auf der Bühne stehen. Eigentlich total bescheuert und hängen geblieben. Aber das half mir.

In Berlin

Dass ich aus Wuppertal wegwollte, hatte mehrere Gründe. Zum einen: Freiheit. Mein Onkel Salih war ein bekannter Streetworker, man kannte Jidetti in der eritreischen Community. Nachdem ich mit Mama gebrochen und sie ihr Gesicht verloren hatte, war alles noch komplizierter geworden. Nicht nur in Wuppertal, sondern im Grunde in ganz Nordrhein-Westfalen, ach was, in ganz Deutschland. Egal ob Solingen, Bonn oder Freiburg: Wir hatten überall Verwandte und Freunde der Familie. Ich stand einfach zu sehr unter Beobachtung.

Ich konnte nicht einfach auf der Straße rauchen oder mit Jungs rumhängen, ohne, dass irgendjemand aus meiner Familie direkt davon erfuhr. Genauso wenig konnte ich anziehen, was ich wollte. Ich war weit und breit die einzige Schwarze mit Nietengürtel und Ratte auf der Schulter. Ich hasste diese komischen Blicke, aber noch mehr hasste ich den Gedanken, dass jemand meiner Familie davon erzählen könnte, was ich tat oder anzog.

Der andere Grund war: Ich hatte damals einen Freund, der auch mit Ramadan und Hannan befreundet war. Ehrlich gesagt stand er zuerst sogar auf meine große Schwester, aber weil er ihr zu jung war, gab sie ihm einen Korb, weshalb er es dann bei mir versuchte – und wir letztendlich sogar zusammenkamen.

Irgendwann fand ich heraus, dass er was mit meiner besten Freundin hatte. Aber nicht nur das: Plötzlich hieß es, dass andere schon länger davon wussten. Wir waren ein riesengroßer Freundeskreis, zu dem auch Ramadan und Hannan gehörten. Auch mit der Familie meiner besten Freundin war ich total dicke. Ich fing an, misstrauisch zu werden.

Ich versuchte, meine beste Freundin zur Rede zu stellen. Aber sie rückte nicht mit der Wahrheit raus. Nicht mal, als er es schon zugegeben hatte. Enttäuscht stellte ich Ramadan und Hannan vor die Wahl. Für mich war die Sache klar. Aber Hannan entschied sich, weiter mit ihr zu chillen, und Ramadan fand mein Verhalten kindisch. Für mich war das eine heftige Enttäuschung. War den beiden nicht wichtig, wie es mir in der Situation ging?

Für mich war das ein weiteres Zeichen – und der Moment, in dem ich beschloss, die Stadt zu verlassen. Mich hielt ohnehin nichts mehr in Wuppertal. Schon gar nicht meine falschen Freunde und Familienmitglieder, die sich gegen mich stellten. Ich zog einen radikalen Schlussstrich und fuhr über Nacht nach Berlin.

Ein bisschen wie einige Jahre davor, als ich ins Heim ging. Insgeheim hatte ich die Hoffnung, dass mich vielleicht jemand daran hindern würde. Aber das passierte nicht.

Dass ich mich für Berlin entschied, lag auf der Hand. Im Heim hatte ich ein paar Jugendliche kennengelernt, die schon Zeit in Berlin verbracht und mir von der Stadt erzählt hatten. Wie weltoffen sie sei, wie liberal und unkompliziert. Egal, worum es ging, irgendwann hieß es immer: »In Berlin ist das überhaupt kein Problem. Dort hast du alle Freiheiten der Welt!« Einfach zu machen, was man will – ganz egal, wer man ist, wo man herkommt und was man vorher gemacht hat, gefiel mir.

Ich zog zu einer Freundin, die ich aus ihrer Zeit in Wuppertal kannte, weil sie damals aus Berlin zu ihrem Freund nach Wuppertal gezogen war. Als die Beziehung in die Brüche ging, zog sie zurück nach Berlin. Nachdem ich ihr von meinen Plänen erzählt hatte, bot sie mir an, erst mal in ihrer Wohnung in Berlin-Spandau unterzukommen. Zumindest so lange, bis ich mit Nico zusammenzog.

Nico hatte ich schon kennengelernt, als ich noch in Wuppertal lebte. Wir liefen uns bei einer Party in Köln über den Weg. Wir verstanden uns auf Anhieb gut – auch, weil wir im Gespräch ganz schnell auf unsere Brüder kamen. Nico erzählte mir, dass sein Bruder gerade eine Ausbildung zum Golftrainer angefangen hätte, worauf ich nur entgegnen konnte, dass mein kleiner Bruder bald für zwei Jahre ins Gefängnis kommen würde. Wir mussten beide lachen, aber das Eis war gebrochen.

Im weiteren Verlauf des Abends hatte ich einen übertriebenen Absturz und musste von einer Freundin nach Hause gebracht werden. Nico traf zum Glück noch eine Freundin von mir und gab ihr seine Nummer. Die darauffolgenden sieben Monate telefonierten wir jeden Tag und lernten uns immer besser kennen. In den Telefonaten sprachen wir auch immer wieder davon, dass wir uns wiedersehen müssten. Aber auch über das Telefon war Nico in der Zeit für mich da und hörte sich jeden Abend alle meine Probleme an. Vom Stress im Heim, dem anstehenden Auszug. Er half mir, wo er konnte. Über die Zeit wuchs er mir immer mehr ans Herz und wir hatten, obwohl wir nur telefonierten, eine krasse Bindung. Als ich beschloss, nach Berlin zu gehen, war es eigentlich sofort klar, dass ich zu ihm ziehen würde. Wir lebten gemeinsam in seiner 35-Quadratmeter-Bude.

Insgesamt waren Nico und ich fünf Jahre zusammen und haben in dieser Zeit einiges zusammen durchgemacht. Wir holten meinen kleinen Bruder gemeinsam aus dem Knast. Als meine Mutter vom Auto angefahren wurde, brachte er mich sofort zu ihr ins Krankenhaus und war darum bemüht, dass wir uns sehen, obwohl ich nicht das beste Verhältnis zu ihr hatte.

Auch als wir schon nicht mehr zusammen waren und er eine neue Freundin hatte, war er noch für mich da. Er fuhr mich sogar am Valentinstag nach Hannover, weil dort das große Wiedersehen mit meiner Mutter und der ganzen Familie anstand. Ich habe bis heute ein richtig gutes Verhältnis zu ihm und seiner Freundin. Ich kann ihn immer um Rat fragen, sei es musikalisch oder in anderen Dingen des Lebens. Nico ist einer der besten und liebsten Menschen, die ich kennenlernen durfte, und ich wünsche ihm das Beste auf der ganzen Welt. Einen besseren Partner und auch einen besseren Freund kann man sich eigentlich nicht vorstellen.

Ich schloss Berlin von Anfang an in mein Herz. Vor allem in Kreuzberg, wo ich ja jeden Tag unterwegs war, gefiel es mir unnormal gut. Als schwarze Punker-Tante fiel ich in dem links geprägten Kiez im Grunde überhaupt nicht auf. Im Gegenteil: Ich konnte dort einfach ich selbst sein. Wenn ich in Wuppertal Nietengürtel getragen hatte, wurde ich sofort komisch angeguckt, aber in Berlin juckte das niemanden. Und wenn die Leute doch guckten, freute mich das sogar. Weil es eben keine abschätzige Wertung war, sondern ich für meinen Style gefeiert wurde. Also zog ich noch buntere Strumpfhosen an. Ich konnte dort so frei sein wie nie zuvor.

Ich war nicht mehr die kleine Schwester von Ramadan oder Hannan und auch nicht die Nichte von Salih, sondern einfach Nura. Niemand kannte meine Mutter oder Jidetti. Hier hatte ich keinen Ruf mehr, sondern konnte mir einen eigenen Namen machen.

The toten Crackhuren im Kofferraum

Über Nico hatte ich, noch während meiner Zeit in Wuppertal, The toten Crackhuren im Kofferraum kennengelernt. Eine Berliner Electro-Punk-Band um Luise »Lulu« Fuckface, in der nur Frauen spielten. Entstanden waren die Crackhuren aus einer Gruppe Freundinnen, die gemeinsam feiern gingen, ab einem gewissen Pegel auf dem Tresen tanzten und irgendwann feststellten, dass sie ja auch Instrumente spielten und vielleicht eine Band gründen könnten.

Zwei der Mädels, Luise Fuckface und Schrüppe McIntosh, beschlossen kurzerhand, eine Band zu gründen. Mit Musik, Gesang, Choreografien, Schauspiel-Einlagen und allem Drum und Dran. Performing Arts eben. Die beiden bekamen einen Deal bei Universal Music, aber Schrüppe wurde schnell alles zu Mainstream und sie stieg aus, weshalb die Band danach von Luise weitergeführt wurde.

Schon nach unserem Kennenlernen wollten die Mädels mich überreden, ein Teil der Band zu werden, aber ich hatte abgelehnt. Jetzt in Berlin schien das um einiges realistischer. Denn ich hing eigentlich ohnehin ständig mit den Mädels rum und holte sie manchmal von den Proben ab, um danach mit ihnen feiern zu gehen. Irgendwann holte ich sie nicht mehr nur ab, sondern brachte sie auch zum Proberaum. So lange, bis es irgendwann einfach hieß: »Du bist in der Band!« So wurde ich Mitglied von The toten Crackhuren im Kofferraum.

Außer Luise und Schrüppe hatte niemand von uns einen Plattenvertrag, aber das war egal. Wir waren alle einfach aus Liebe zur Sache dabei. Ich durfte bei den Proben die Choreos mitgestalten, im Studio an Texten mitschreiben oder Toplines beisteuern und bei unseren Konzerten im Background singen.

Mit den Crackhuren spielten wir überall. Im Neunsitzer-Transporter reisten wir durch die halbe Weltgeschichte. Im Gepäck Kostüme, Instrumente – und Schlafsäcke. Der Grund: Weil die Veranstalter uns manchmal kein Hotel zahlen konnten, mussten wir nach dem Konzert in den Locations auf dem Boden schlafen, während es um einen herum nach dem Suff des Abends und nach Klo roch. Ein richtig krasser Punker-Lifestyle.

Gagen gab es am Anfang auch keine. Stattdessen wurden wir mit Alkohol bezahlt. Später gab es dann auch mal Spritgeld oder ein bisschen Bezahlung für die richtigen Mitglieder. Aber das war mir egal, weil ich es eh nicht für das Geld machte, sondern aus zwei Gründen: Spaß an der Sache und eine geile Zeit mit meinen Freunden haben. Das war bei allen Bands, die ich startete, der Antrieb – und auch der Grund dafür, dass es so erfolgreich war.

Bald spielten wir nicht mehr nur einzelne Konzerte, sondern gingen auch auf Tour. Erst im Vorprogramm von

K.I.Z, schließlich auch allein oder auf Festivals. Die anderen hatten zum Teil vorher schon in Bands gespielt, aber für mich waren das alles neue Erfahrungen: auf die Bühne gehen und Leute von sich überzeugen, das Publikum animieren und mitreißen. Für mich waren das ganz krasse und wertvolle Erfahrungen.

Am Wochenende spielten wir Konzerte. Unter der Woche hatte ich einen ganz normalen Job, bei dem ich meistens Doppelschichten schieben musste, um am Freitag, Samstag und Sonntag für die Auftritte mit den Crackhuren freimachen zu können. Aber ich machte das gerne. Denn ich war, zumindest drei Tage in der Woche, das, was ich immer sein wollte: Musikerin.

2015 wurde ich außerdem Mitglied in einer anderen Formation: dem Berliner Kneipenchor. Vier Jahre nach meiner ersten Bewerbung! Tatsächlich herrschte so ein großer Run auf den Chor, dass man sich wie um einen Job bewerben musste. Aber ich versuchte es immer wieder, denn ich wollte unbedingt dabei sein.

Verständlicherweise. Denn der Berliner Kneipenchor ist ein Chor von Menschen, die zwar gerne in einem Chor singen wollen, aber keine Lust auf altbackene Gruppen in Kirchen haben, sondern lieber Teil einer coolen und zeitgemäßen Formation mit einem geilen und aktuellen Repertoire sein wollen.

Ein paar der Mitglieder kommen sogar aus der Musikbranche. Sven van Thom von der Band Sofaplanet oder Vokalmatador von der Sekte.

Konrad Brecher, der auch Pianist in der Band von Casper

ist, war mal Chorleiter – genau wie Nino Skrotzki, der früher der Frontmann von Virginia Jetzt! war.

Nach den Proben geht es am Wochenende von Kneipe zu Kneipe, um dort zu singen. Wenn jemandem die Musik gefällt, dann kann er nach der Performance mit in die nächste Kneipe kommen. Natürlich kann man den Chor auch buchen. Herbert Grönemeyer, Sido, MiA., Audio88 & Yassin, Matthias Schweighöfer und auch ich haben den Chor zum Beispiel schon mal für ihr eigenes Konzert engagiert.

Die Auftritte machten megaviel Spaß und hatten einen ganz anderen Vibe als unsere Konzerte mit den Crackhuren. Mal solo singen, dann wieder im Kanon – das war genau meins. Ich glaube, durch meine Zeit im Kneipenchor habe ich Dinge gelernt, auf die ich bis heute als Sängerin zurückgreifen kann: Texte schnell auswendig lernen und solche Sachen. Was gut ist, weil ich ja schlecht mit Textblatt auf die Bühne gehen kann.

Schon während meiner Zeit mit den Crackhuren war ich zeitgleich mit Juju und den ganzen Mädels befreundet. Im Gegensatz zu den Crackhuren waren das eher meine Tussi-Freundinnen. Wobei Tussis ja auch nicht so richtig stimmt. Eher Atzenweiber. Und ein paar Tussis. Aber nur ein paar! Ich erinnere mich noch daran, wie ich manchmal Auftritte mit den Crackhuren hatte und Juju und die restlichen Girls gefragt habe, ob sie nicht mitkommen wollen. Wenn sie mitkamen, war das immer richtig komisch, diese beiden Freundeskreise zu verbinden. Aber witzig war es auch. Ich weiß noch, wie Juju und die Girls ganz vorne in der ersten

Reihe standen und mich mit Sätzen wie »Nuraaa, wir wollen ein Kind von dir!« angefeuert haben. Ich fand es cool, dass meine Freundinnen trotz dieser musikalischen Barrieren alle gut miteinander klarkamen. Eine sehr lustige Zeit.

I'm a hustler

Parallel zu meinen Auftritten mit den Crackhuren und im Kneipenchor begann ich, an der D&B Lichtenberg Berlin meine Ausbildung als Sozialassistentin. Ich wollte unbedingt im sozialen Bereich arbeiten – am liebsten in einem Jugendzentrum. Ich kannte ja auch aus meiner eigenen Jugend die Probleme, die sich schon ganz früh entwickeln. Vor allem dieser Irrglaube, dass Jungs nicht mit Mädchen chillen durften.

Ich weiß gar nicht, warum das so war, aber ab einem gewissen Punkt war einfach klar, dass man nicht mehr zusammen rumhängen durfte und Jungs gegenüber Mädchen und Frauen respektlos waren. Nicht nur das, irgendwann kamen auch Beleidigungen dazu. Ich fand dieses Verhalten total bescheuert und war der Meinung, dass man so früh wie möglich etwas dagegen unternehmen müsste. Am besten also schon im Jugendzentrum, damit Jungs gar keine Chance darauf hätten, kleine Sexisten zu werden.

Ich wollte Aufklärungsarbeit leisten, auch und gerade vor meinem familiären und kulturellen Background. Nicht nur im Jugendzentrum, sondern vielleicht auch bei den Kids zu Hause, im Gespräch mit ihnen und ihren Eltern. Im Grunde so, wie ich es mit meiner Mutter schon gemacht hatte – und bis heute tue. Damals war ich vielleicht ein bisschen naiv, heute weiß ich, dass das ein langer Weg ist – und nicht jeder erwachsene Mensch ist so locker wie meine Mutter und ändert nach und nach seine Standpunkte.

Aber ich glaube, dass jeder Mensch sich ändern kann. Vor allem Eltern, die mit ihren Kindern nach Deutschland gekommen sind und dann aber von ihnen erwarten, hier ihr altes Leben weiterzuleben. Wenn Kinder sich integrieren sollen, dann geht das nicht. Dann müssen sie ein westliches Leben leben dürfen. Wenn man neu in dieses Land kommt, hat man mit so vielen Fragen in Bezug auf seine Identität und die Gesellschaft zu kämpfen, dass es nicht hilft, wenn man diese Krisen auch auf seine familiäre Identität hat.

Die Ausbildung machte richtig Spaß, aber ich konnte sie leider nicht zu Ende machen. Als eine Tour der Crackhuren anstand, bat ich darum, für zwei Wochen freizubekommen, was mir aber nicht gewährt wurde. Also meldete ich mich krank und ging trotzdem mit auf Tour. Weil Fotos von Auftritten im Netz landeten und ich mich zu der Zeit noch in der Probezeit befand, flog ich. Im nächsten Jahr bewarb ich mich wieder, wurde erneut genommen. Aber auch in dem Jahr waren wir viel mit den Crackhuren unterwegs, weswegen ich ständig blaumachen musste und am Ende wegen zu vieler Fehlstunden wieder gehen musste.

Während meiner Zeit in der Ausbildung machte ich jeweils ein dreimonatiges Praktikum in Jugendzentren in Kreuzberg und Neukölln, nachdem ich aber zweimal abbrechen musste, hielt ich mich mit allen möglichen Gastronomie-Jobs über Wasser. Meine ersten Jobs machte ich als Kellnerin im »Cake« oder bei »Atlas Pancakes« – auch, wenn es eigentlich nicht mein Ding war. Aber Kellner wurden überall gesucht und der Job eignete sich perfekt, um schnell Kohle auf die Hand zu machen. Außerdem war es an dir selbst, noch ein gutes Trinkgeld on top zu kriegen – und das konnte ich. Bei manchen Jobs wurde das Trinkgeld nach der Schicht zusammengeschmissen und gleichmäßig unter den Kellnern aufgeteilt. Weil sich schnell rumsprach, dass man bei einer Schicht mit mir besonders viel Trinkgeld abgreifen konnte, wollten einige meiner Kollegen ausschließlich mit mir zusammenarbeiten.

Woran das lag? Vielleicht daran, dass ich einfach gut mit Menschen kann. Solange ich keinen Rassisten bedienen musste, kam ich mit jedem auf Anhieb gut klar. Nicht nur so auf Small-Talk-Basis, sondern auch darüber hinaus. Ich hatte wirklich nie Probleme. Im Gegenteil: Leute kamen gerne in Restaurants, wenn ich dort arbeitete.

Anschließend bekam ich über eine Freundin im »Cookies« auf der Friedrichstraße einen Job als Barkeeperin. Das Arbeiten war anstrengend, aber machte richtig Spaß. Allen von uns. Die Barkeeper waren fast so etwas wie das Aushängeschild vom »Cookies«. Mir gefiel die Arbeit, weil sie mit Menschen zu tun hatte. Man kam jeden Abend mit den unterschiedlichsten Leuten ins Gespräch: Touris, Zugezogene – alle hatten ihre eigene Geschichte. Zum Beispiel Yozmit, eine Drag-Queen, die ständig bei uns in der Bar rumhing. Irgendwann liefen Yozmit und ich uns mal im Berghain über den Weg. Erst dort fiel mir auf, dass er auf seinen Unterarm in großen Druckbuchstaben die Worte »I LOVE COCK« tätowiert hatte.

In einem anderen Laden kam, als meine Schicht gerade angefangen hatte, eine Frau zu mir an die Theke. Nicht nur daran, dass sie Englisch mit mir sprach, erkannte ich sofort, dass sie ein Touri war. Sie erkundigte sich nach der Karte und als ich sie ein paar Minuten später fragte, was sie denn gerne trinken würde, antwortete sie einfach nicht. Auch eine weitere Nachfrage ignorierte sie eiskalt. Aber als eine meiner Kolleginnen zu mir hinter die Bar kam, versuchte sie plötzlich, bei ihr einen Drink zu bestellen! Meine Kollegin antwortete ihr, dass sie das Getränk gerne bei mir bestellen könne. Aber sie weigerte sich – genau wie meine Kollegin sich weigerte, ihr den Drink zu machen. Das Ganze ging so lange hin und her, bis die Frau verlangte, mit unserem Chef zu sprechen und ihm erklärte, dass sie sich nicht von einer schwarzen Frau bedienen lassen wolle. Außerdem sei sie nicht darauf vorbereitet gewesen, in diesem Laden außer den Türstehern noch weitere schwarze Mitarbeiter anzutreffen. Richtig ekelhaft!

Die Arbeit fickte mich richtig. Genauso wie mein Job als Türsteherin im »Spindler & Klatt«. Klar, die Jobs waren gut bezahlt, aber auch extrem anstrengend. Während ich als Kellnerin oder Barfrau immer Sprüche droppen konnte und gut gelaunt war, durfte ich an der Tür keine Miene verziehen. Frauen an der Tür waren ein ganz normaler Move. Einfach aus dem simplen Grund, dass eine Frau eben nicht sofort von jedem aufs Maul bekam. Dafür hagelte es jede

Menge Beleidigungen, wenn jemand von mir nicht reingelassen wurde.

Eigentlich zogen die Leute danach weiter und versuchten ihr Glück im nächsten Club, aber einmal warteten ein paar Typen in der Nähe des Clubs, bis ich Feierabend hatte, um dann allen Ernstes mit mir auszudiskutieren, warum ich sie nicht reingelassen hatte. Ich ließ mich gar nicht auf die Diskussion ein, sondern sprintete sofort zu einem Taxi, das glücklicherweise am Straßenrand stand, sprang hinein und erklärte dem Fahrer aufgeregt, dass er bitte sofort losfahren müsse. Und was machte der Taxifahrer? Blieb einfach stehen, schrie mich an, dass er in diesem Ton nicht mit sich reden ließe, und warf mich wieder raus! Das war der Moment, in dem ich den Job an der Tür schmiss und stattdessen auf dem RAW-Gelände in Berlin-Friedrichshain in verschiedenen Läden wieder an der Bar arbeitete.

Durch die Jobs kam immer genug Geld rein. Genug, das hieß in meinem Fall so viel, dass ich damit Miete, Essen, neue Klamotten und was zu kiffen kaufen und damit Party machen konnte. Und ich machte viel Party. Im Grunde war ich immer in irgendeinem Club anzutreffen. Wenn ich dort nicht arbeitete, dann feierte ich. Zu Hause war ich nur, um zu duschen und, wenn überhaupt, zu schlafen. Ich war die ganze Zeit auf Achse, weil ich ständig Angst hatte, etwas zu verpassen. Aber das war der Lifestyle. Ich muss sagen, dass es vermutlich die beste Zeit meines Lebens war.

Reunited

2015 bekam ich eine Nachricht von Hannan. Sie sei schwanger. Das war der Moment, in dem ich zum ersten Mal wieder richtigen Kontakt zu jemandem aus meiner Familie hatte. Als meine Nichte Lilly auf die Welt kam, trafen wir uns alle bei meiner Mama, die mittlerweile nach Hannover gezogen war. Hauptsächlich wegen Moe, dem sie nach seiner Entlassung aus dem Gefängnis eine andere Umgebung und somit ein besseres Leben ermöglichen wollte.

Dass Moe ins Gefängnis musste, kam so: Während Hannan, Ramadan und ich auf die gleiche Schule gingen und somit immer auch ein bisschen aufeinander aufpassten, wechselte Moe nach der 4. Klasse auf die Hauptschule. Dort fand er schnell falsche Freunde. Das führte wiederum dazu, dass er schon in jungen Jahren viel Scheiße baute. Er hatte immer öfter Ärger mit der Polizei, dann kamen irgendwann auch die ersten Anzeigen. Auch zu Hause war es nicht einfach. Hannan war schon ausgezogen, Ramadan hatte seine eigenen Probleme, ich war im Heim – also blieben nur noch Moe und Mama übrig. Die beiden stritten oft, Moe nahm Mama nicht ernst, war aggressiv und schrie viel herum.

Kurz nachdem ich ins Heim ging, entschied er sich – inspiriert durch mich – freiwillig dazu, auch ins Heim zu gehen. Dort lernte er – genau wie ich – natürlich noch üblere Leute kennen.

Das Problem war – wie bei mir auch –, dass man das im ersten Moment gar nicht sieht, sondern einfach froh ist, Menschen um sich zu haben, mit denen man das gleiche Schicksal teilt. Aber nach und nach machte er noch mehr Scheiße, für die es noch mehr Anzeigen gab.

Weil er sich oft auch im Heim danebenbenahm, musste er ständig von einer Einrichtung in die nächste wechseln. Die Sachen häuften sich und irgendwann gab es eine Sammelklage. Wegen Verdunkelungsgefahr kam er direkt in Untersuchungshaft.

Die Richterin drohte Moe die ganze Zeit damit, das Strafmaß all seiner Anzeigen zu addieren. Denn Moe war gerade 18 Jahre alt geworden, weshalb er nicht mehr nach Jugendstrafrecht verurteilt werden durfte. Bei der daraus resultierenden Zahl von über 30 Monaten, hätte das seine Abschiebung bedeutet. Die Richterin wollte ihn unbedingt von uns trennen.

Unsere ganze Familie war bei der Verhandlung, während Moes gesamtes Leben auf links gedreht wurde – wir als seine Geschwister wussten viele Sachen ja, aber meine Mutter und unsere Großeltern und seine Onkels saßen dabei. Die Richterin sah, wie sehr uns alle der Prozess mitnahm – und trotzdem zeigte sie sich stur. Ich randalierte so, dass ich irgendwann des Gerichtssaales verwiesen wurde. Aber ich konnte einfach nicht akzeptieren, wie dort mit Moe umgegangen wurde. Am Ende musste Moe für zwei Jahre ins Gefängnis.

Nach seiner Entlassung ist Moe direkt zu Mama nach Hannover gezogen. Sie wollte, dass er nicht in seinem alten Umfeld bleibt, sondern ein neues Leben anfängt. Er hat seine Schule zu Ende gemacht, dann erst sein Fachabi und dann sein Abi nachgeholt. Währenddessen hat er heimlich den Führerschein gemacht und eine Ausbildung zum Hotelfachmann begonnen und wurde übernommen. Er hat eine Freundin, einen Hund, ein stabiles Umfeld. Voll der krasse Glow-Up!

Das erste Aufeinandertreffen mit meiner Mama war, als wenn ich nie weg gewesen wäre. Klar war sie stolz, dass ich jetzt mein eigenes Ding machte und an mich glaubte. Natürlich war es am Anfang schwer für sie zu akzeptieren, dass ich jetzt Musik machte und Videos von mir in der Öffentlichkeit existieren. Dass ich in Interviews zu sehen war und auch, das andere Rapper schlecht über mich redeten. Die Schimpfwörter, das unnötige Beleidigen – das verstand sie alles nicht. Aber das kann ich ihr auch nicht verübeln. Bei unseren ersten Auftritten auf Festivals stand sie trotzdem in der ersten Reihe.

Als zwei Monate später Jedu starb, schweißte uns das als Familie noch ein bisschen enger zusammen. Hatte ich vor unserer Familien-Reunion praktisch gar keinen Kontakt mit Mama und meiner Familie gehabt, telefonierten wir nun täglich.

Ungefähr in der Zeit sollte auch eine Party von EASYdoesit stattfinden, bei dem Juju und ich einen unserer ersten

Auftritte als SXTN haben würden. Also lud ich kurzerhand meine Geschwister für das Wochenende nach Berlin ein, und Ramadan und Moe sagten zu.

Am Donnerstag vor dem Auftritt saß ich mit meinem damaligen Freund draußen auf einer Parkbank, als aus dem Nichts einfach Ramadan an uns vorbeilief. Mitten in Berlin! Ich konnte es erst gar nicht glauben und dachte, er hätte unser Treffen von langer Hand als Überraschung geplant und würde jetzt einfach bis zu unserem Auftritt die ganze Woche in Berlin bleiben.

Ramadan und Jonas, die sich erst ein paar Minuten vorher kennengelernt hatten, waren irgendwie total komisch drauf. Aber ich machte mir nichts daraus, sondern ging mit den beiden zu Jonas nach Hause, machte Musik an und freute mich einfach, dass mein Bruder schon in der Stadt war. Ein paar Minuten später tauchte Juju mit ihrem damaligen Freund auf – und die beiden waren auch total komisch drauf!

Irgendwann verschwanden alle bis auf Ramadan aus dem Raum. Ich merkte sofort, dass die Stimmung zwischen uns komisch war.

»Du sagst doch immer, dass du die Stärkste von uns allen bist«, sagte Ramadan in die Stille.

»Ja, warum?«, antwortete ich.

»Jetzt kannst du mal zeigen, wie stark du bist: Jedu ist am Montag verstorben.«

Ramadan nahm mich in den Arm und fing krass an zu weinen.

Auch ich fing an zu weinen und brach zusammen – einfach, weil ich es nicht fassen konnte. Drei Monate vorher hatte ich meine Familie seit Jahren zum ersten Mal wiedergesehen und es war alles wie früher. Ich war komplett glücklich mit meinem Leben. Ich hatte meine Familie und sogar eine Nichte, aber auch meine Freunde und die Musik – und dann starb einfach mein Opa.

Für mich war in dem Moment klar, dass ich nach dieser Nachricht auf keinen Fall am Ende der Woche einen Auftritt spielen konnte. Noch dazu meinen ersten großen! Ich ging in die Küche, umarmte Juju und erzählte ihr, dass mein Opa gestorben sei. In dem Moment wurde mir auch klar, warum sie so komisch drauf gewesen war. Sie wusste durch Ramadan schon davon, aber hatte es mir nicht gesagt.

Aber mein Opa hätte nicht gewollt, dass ich wegen ihm etwas nicht mache. Also zog ich den Auftritt durch. Direkt danach stieg ich in den Zug und fuhr zur Beerdigung von Jedu.

Ich glaube, der Tod von Jedu war der Moment, an dem für uns alle klar war, dass wir nicht mehr über die Vergangenheit reden sollten, sondern es viel wichtiger ist, was jetzt passiert und wir die gemeinsame Zeit genießen sollten.

Von Party zu Party

Während meiner Zeit bei The toten Crackhuren im Kofferraum lernte ich auch Claus Capek kennen. Claus war ab Mitte der Neunzigerjahre gemeinsam mit Guy Gross und ihrer Band Die Allianz erfolgreich gewesen. Wobei sie diesen Namen nicht lange behalten durften – schließlich war das auch der Name einer der größten deutschen Krankenversicherungen.

Trotz dieser Streitereien liefen ihre Videos noch im Musikfernsehen. Aber die Sender fingen an, statt Die Allianz nur noch Band ohne Namen als Interpreten einzublenden. Weil das den beiden und auch den Fans gut gefiel, blieben sie schließlich bei dem Bandnamen. So um das Jahr 2000 herum wurde die Band ohne Namen mit Songs wie »Take My Heart« oder »Girl 4 A Day« mit der VIVA-Moderatorin Milka richtig erfolgreich. Klar, dass ich als Musikfernsehjunkie ein riesiger Fan von den beiden war.

Nach dem Aus der Band gründete Claus mit dem Berliner Rapper Sera Finale 2010 die Band Keule. Weil die beiden und wir mit den Crackhuren oft die gleichen Festivals oder auch im gleichen Jahr mit den Crackhuren und Keule beim BundesVisionSongContest spielten, liefen wir uns ab und an über den Weg.

Claus und ich verstanden uns auf Anhieb total gut. Aber viele Leute wunderten sich, warum wir miteinander rumhingen. Ich war gerade Anfang 20, aber hatte auf ein paar Partys immer diesen Mittdreißiger-Typen mit Kastenbrille und Cap im Schlepptau.

Man muss dazu sagen, dass das nicht verwunderlich war. Claus hatte auf jeden Fall einen extravaganten Style und war immer krass bunt angezogen. Manchmal trug er eine Jacke, die aussah wie ein Schlafsack oder eine Kette mit Pailletten, dann wieder T-Shirts mit verrückten Jesus-Prints drauf. Irgendwie weird, aber eben auch total lustig – und ich mochte Leute, die anders waren, ja ohnehin immer schon gerne.

Ich erinnere mich noch, wie ich mit den Leuten von EASYdoesit, einer Video-Produktionsfirma aus Berlin-Kreuzberg, mit deren Gründern und Mitarbeitern wir ohnehin die meiste Zeit rumhingen, eines Nachts mal baden gehen wollte und auch Claus und Krutschi, dem späteren Produzenten von SXTN, Bescheid sagte. Als die beiden ankamen, brach richtig Panik aus, weil alle dachte, sie wären irgendwelche Typen, die uns die Klamotten klauen wollten. Ich konnte die Situation dann beruhigen, und weil Claus seine Gitarre dabeihatte, sangen wir alle gemeinsam »Lemon Tree« von Fools Garden. Aber das zeigt, glaube ich, ganz gut, wie Claus auf manche Leute wirkte.

Claus schien irgendwie von meinem Lifestyle fasziniert zu sein, fand die Dinge, die ich tat, einfach krass und war der Meinung, dass andere Leute das auch tun würden, sobald sie davon erfuhren. Er hatte damals eine Zeit lang die Idee, dass ich ein YouTube-Format bräuchte. Nur eine von vielen Ideen, die er mit mir und für mich hatte. Aber egal, was er sich ausdachte, es ging dabei immer darum, mich raus zu bringen und mir eine Plattform zu geben.

Claus war auch der Erste, der mir dazu riet, ein Buch zu schreiben. Wenn ich so darüber nachdenke, dann war er vermutlich der Erste, der richtig an mich geglaubt hat.

Claus und ich fingen an, immer mehr miteinander zu tun zu haben. Wenn er Leute für Castings brauchte, besorgte ich ihm ein paar Kandidaten und er hatte auch immer mal wieder kleine Aufträge für mich. Einfach ein Geben und Nehmen.

Irgendwann kam er mit der Idee um die Ecke, dass ich auch eigene Musik machen müsse. Ich gehöre einfach auf die Bühne. Er und Guy würden sich schon um den Rest kümmern. Ich entgegnete ihm, dass ich mir das alleine nicht vorstellen könne. Außerdem war ich ja schon in einer Band. Zugegebenermaßen einer, in der ich nicht mal Geld verdiente, sondern sogar noch draufzahlen musste. Aber ich fand das einfach keine gute Idee, weil ich keinen Bock hatte, alleine auf der Bühne zu stehen. Ich wollte eine Band haben. Aber nicht eine, in der alle für den Traum von einer arbeiten, sondern bei der alle gemeinsam ans Ziel kommen.

Irgendwann fing ich an, meine Mädels zu fragen, ob sie Bock hätten, mit mir eine Band zu gründen. Auch Juju, die ich ein paar Jahre vorher auf einer Party kennengelernt hatte und von der ich wusste, dass sie auch Musik machte. Für mich machte das total Sinn. Wir waren beides ganz normale Mädels mit ganz normalen Problemen und einer überdurchnittlichen Liebe für Musik. Ursprünglich war unser Plan, sogar noch eine gemeinsame Freundin mit ins Boot zu holen. Als die dann doch einen Rückzieher machte, blieben nur Juju und ich übrig. Im Grunde war das die Geburtsstunde von SXTN.

Juju war anfangs noch zurückhaltend. Einerseits konnte sie sich mit dem Gedanken, Teil einer Band zu sein, nicht so schnell anfreunden. Andererseits waren sie und ich wirklich gute Freundinnen, weshalb sie Claus manchmal begegnete und ihn wohl irgendwie komisch fand. Für sie muss es, wie für die meisten anderen auch, super weird gewesen sein, dass ich einen »erwachsenen Mann« in meinem Freundeskreis hatte.

Dementsprechend skeptisch war sie, als es darum ging, einen Vertrag mit Claus und Guy zu unterschreiben. Ich musste richtig Überzeugungsarbeit leisten. Auch ihre Mutter war alles andere als begeistert davon, dass ihre Tochter jetzt einen Vertrag unterschreiben sollte. Für mich war die Sache eh klar, weil ich Claus kannte und ihm, aber dadurch auch Guy vertraute. Man muss sagen: Claus und Guy hängten sich wirklich richtig rein und gaben jede Menge Geld für uns aus. Das war ein enormer Vertrauensvorschuss. Als wir noch keinen einzigen fertigen Song hatten, mieteten sie immer wieder Studios für uns. Und was machten wir? Wir kamen manchmal gar nicht – und wenn doch, dann oft zu spät. Im Nachhinein muss ich sagen, dass wir überhaupt nicht richtig zu schätzen wussten, was die beiden für uns taten. Total bescheuert. Zumal ich ja der Mittelsmann war, der die anderen zusammen- und uns alle in diese Situation gebracht hatte. Es dauerte wirklich eine ganze Weile und war sehr anstrengend, bis wir uns alle mit der Situation arrangiert hatten und so etwas wie ein Team wurden. Aber letzten Endes klappte es doch.

Leben am Limit

Unseren ersten Song, »Touristen fisten«, nahmen wir bei Claus zu Hause auf. Die Beats kamen von Krutschi, einem guten Freund von Claus und Guy, der früher mal für Dejavue, eine Rap-Gruppe aus Berlin, produziert hatte. Ich erinnere mich vor allem deshalb noch so gut daran, weil die ganze Session ein einziges Chaos war: Claus war gerade Vater geworden, wir hatten keine richtige Booth, sondern nur ein Mikro. Aber am Ende des Abends stand unser erster gemeinsamer Song als SXTN. Danach fingen wir an, an der ersten EP zu arbeiten.

Eigentlich war der Plan, dass Juju für die Raps zuständig war, während ich singen sollte. Nach dem Konzept nahmen wir den Song »Fotzen im Club« auf. Aber die Texte, die ich schrieb, waren zu schnell, um sie zu singen. Also rieten Juju, Claus und Guy mir, es doch mal mit dem Rappen zu probieren. Aber die ersten Aufnahmen waren wirklich gewöhnungsbedürftig und mir übertrieben unangenehm.

Vor allem im Vergleich zu Juju, die im Gegensatz zu mir schon zehn Jahre Erfahrung hatte, was das Rappen anging. Aber inhaltlich war das alles schon genau das, was ich mir vorgestellt hatte. Erst nach unserer EP checkte ich, dass sie nicht nur Wörter mit einer, sondern zwei oder sogar drei Silben als Endreime benutzte. LOL. Davon hatte ich bis zu dem Zeitpunkt überhaupt keine Ahnung gehabt! Bis dato war ich mit der Aufteilung zufrieden. Das machte mir Spaß. Mein Ziel war einfach nur, dass wir geile Musik machen.

Ich fand sogar, dass wir uns perfekt ergänzten. Juju war die bessere Rapperin und kannte sich aus, was Flow und Reimpattern oder Silben anging, aber konnte auch ein bisschen singen. Ich konnte besser singen und wusste eher, was in Sachen Melodien oder Top-Lines gut kam, war aber nur eine okay Rapperin. Für mich gab es gar keinen Grund, dieses Konzept infrage zu stellen – aber am Ende lenkte ich ein und übernahm auch einige Rap-Parts. Seine Texte schrieb jeder von uns für sich, die Hooks eigentlich alle zusammen.

Einen großen Marketing-Plan für SXTN gab es nicht. Unser Image war im Grunde das Leben, das ich zu der Zeit führte. Alles, was wir taten, war Texte daraus zu machen. Inhaltlich nutzten wir größtenteils mein, aber auch ihr Leben als Vorlage.

Juju hatte ein Dach über dem Kopf, aber immer mal wieder Struggle mit ihrer Mutter, die mit Ratschlägen um die Ecke kam oder Fragen über ihre Zukunft stellte – so wie jede Mutter. Ich hatte zwar einen Job und damit auch Geld, aber dafür Stress mit den Ämtern und schlechte Wohnverhältnisse. Ich zog von einer Wohnung in die nächste, von Zwischenmiete zu Zwischenmiete.

Krutschi, Guy und Claus bekamen natürlich davon mit und es wurde klar, dass wir das alles zum Thema unserer

Musik machen mussten. Die Titel unserer beiden Veröffentlichungen – »Asozialisierungsprogramm« und »Leben am Limit« – kamen beide von mir. »Leben am Limit« war so ein Spruch, den ich ohnehin die ganze Zeit brachte, wenn es bei mir wieder drunter und drüber ging. Aber das war damals einfach die Realität. Ich bewegte mich konstant am Limit.

Als klar wurde, dass es mit SXTN jetzt richtig losgehen würde, wollten Claus und Guy, dass wir unsere Jobs kündigen. Ich hatte in der Anfangszeit ja noch mehrere Barjobs. Juju hatte kurz vorher ein Praktikum in einem Tattooladen begonnen, aber beendete es bald darauf. Ich war noch etwas unsicher, weil ich erst aufhören wollte, als klar war, dass ich mit der Musik monatlich eine bestimmte Summe verdienen konnte.

Lustigerweise feierte ich 2017 noch mal ein Comeback als Selekteurin an der Tür des UrbanSpree – einfach just for fun und ohne Geld, aber ich musste das einfach tun, weil ich es so vermisste. An der Tür war ich nicht Nura die Musikerin, sondern einfach Nura, die Selekteurin.

Aber zurück zu SXTN. Nicht ganz unwichtig dafür, dass es richtig losging, war die Party von EASYdoesit, bei der wir unseren ersten gemeinsamen Auftritt als SXTN spielten, den ich wegen Jedus Tod beinahe abgesagt hatte. Nach der Party luden die EASYdoesit-Leute ein Recap-Video auf YouTube, das mit unserem Song »Fotzen im Club« unterlegt war. Es dauerte keinen Tag, bis sich jede Menge Leute nach dem Namen des Tracks erkundigten. Zwei Frauen, die nicht über Geld und Schickimicki, sondern Restesuff, Schöntrinken und all den anderen Scheiß rappten, den man sonst nur von Männern kennt? Den Leuten gefiel, dass wir solche Atzenweiber waren – mit den gleichen Problemen und den gleichen Glücksmomenten wie alle anderen auch. Weil wir genauso dachten und fühlten wie alle anderen auch. Weil wir einfach zwei Weiber waren, die vollkommen mit sich und ihrer Sexualität im Reinen waren. Wir rappten über Sex. Das hieß auch nicht, dass wir uns die ganze Zeit durch Berlin bumsten, aber wir standen zu unserer Sexualität und waren trotzdem nicht die Schlampen, die manche gerne in uns gesehen hätten.

Dabei war das einfach unser Lifestyle. Diese ganze EASYdoesit-Connection eben: Nicht Berlin-Mitte, sondern Kreuzberg und Neukölln, wo man sich nicht zu fein war, auf einer Box zu tanzen oder mit dem Einkaufswagen in Richtung Club zu fahren. Das sprach jedem aus der Seele. Auch, weil wir das auf richtige Party-Beats taten, zu denen man richtig abfeiern konnte.

Vielleicht, weil es Rap oder auch sonstige Musik mit Texten wie unseren bis zu dem Zeitpunkt einfach überhaupt noch nicht von Frauen gab. Ich glaube, die Musik sprach deshalb vielen Mädchen und Frauen aus dem Herzen. Weil sie auch mal Wettsaufen mit ihren Freundinnen machen oder gemeinsam nachts ins Schwimmbad einbrechen oder ihre Namen an irgendwelche Häuserwände sprühen. Sich gegenseitig nach einer langen Nacht beim Kotzen filmen, zusammen ausrasten – so was halt. Gleichzeitig war es, insbesondere für mich, immer auch Musik, die für Fairness und Haltung stand.

Juju und ich bekamen unzählige Nachrichten – von

Freunden, die unsere Stimme in dem Song gehört hatten. Es fühlte sich einfach geil an, dass die Leute feierten, was wir machten – vor allem auch über unseren Berliner Freundeskreis hinaus.

Ich weiß noch genau, wie wir zusammen vor dem Bildschirm saßen und jede Nachricht und jeden Kommentar lasen. Irgendwann sprangen wir beide auf und fingen an zu schreien. So lange und laut, dass wir irgendwann ganz rot im Gesicht waren. Wir konnten das gar nicht glauben. Bis dahin waren wir ins Studio gegangen, hatten Songs gemacht, ohne zu wissen, was aus der Sache wird. Wir hatten keine Ahnung, ob sich der Aufwand lohnt.

Und es war ein enormer Aufwand. Die Anfangszeit von SXTN war wirklich anstrengend. Jeder von uns hatte mit persönlichen Problemen zu kämpfen. Ich dachte ein paar Mal darüber nach, das mit SXTN einfach sein zu lassen, weil ich keinen Sinn mehr darin sah.

Aber jetzt auf einmal dieses Feedback zu bekommen, war krass. Das war der Moment, in dem uns klar wurde, dass dieses ganze Blut, der Schweiß und die Tränen, von den Jungs und uns nicht umsonst waren. Der Moment, in dem klar war, dass das mit SXTN etwas werden würde. Das motivierte Juju, motivierte mich und auch uns als Duo, sich zusammenzureißen und weiterzumachen.

Unser erstes richtiges Release war 2016 die »Asozialisierungsprogramm«-EP mit Songs wie »Deine Mutter« und »Fotzen im Club«. Und wir spalteten die Nation. Die meisten Leute konnten uns nicht einordnen und waren verwundert darüber, dass wir die Fresse so aufrissen. Die Leute waren es nicht gewohnt, dass Frauen sagen, was sie wollen und wie sie wollen. Vor allem viele Männer kamen damit überhaupt nicht klar und fühlten sich krass provoziert – allein durch den bloßen Umstand, dass wir Rap machten, aber auch durch die Sachen, die wir sagten.

Man braucht auf jeden Fall ein dickes Fell – und Eier. Gegen den ganzen Hate. Was wir uns alles anhören mussten! Es hieß, wir würden den Sexismus der Männer einfach fortführen. Andere kamen nicht darauf klar, wie wir redeten oder uns in unseren Videos zeigten. Wir wurden als Asiweiber bezeichnet, uns wurde nahegelegt, besser Pornos zu drehen oder wieder zurück in die Küche zu gehen. Vor allem das mit der Küche hatte ich schon zigmal von meinen Brüdern und Cousins gehört. War doch klar, dass mich das nicht verletzte.

Ein paar Sachen waren auch richtig witzig. Auf YouTube schrieb mal jemand so was wie »Beschmeißt sie mit Kochbüchern!« Das war auf jeden Fall kreativ und witzig. Nur, weil ich Feministin bin, heißt das ja nicht, dass ich nicht trotzdem noch Humor habe und auch über solche Sachen lachen kann.

Was ich krass fand, war, dass Leute von uns dachten, wir wären Asis, die Schlechtes im Sinn hätten. Dabei bin ich so ein sozialer Mensch. Juju und ich waren für total viele Menschen Vorbilder dafür, etwas aus einer Freundschaft und gemeinsamen Interessen zu machen: nämlich unser Hobby zum Beruf.

Das zeigt doch, dass man seine Interessen verfolgen sollte, wenn man in etwas gut ist, auch wenn man mit einer anderen Sache vielleicht mehr Geld verdienen würde. In meinen Augen gibt es eh viel zu wenige solche Künstler. Ich finde es total schade, wenn Menschen Talent haben, aber andere ihnen ihr Können ausreden und sie davon überzeugen, lieber die sichere Schiene zu fahren.

Es freut mich total, wenn ich Post von Mädels bekomme, die mir schreiben, dass sie wegen SXTN ihren ersten Text geschrieben haben. Ich lese mir die Sachen oft durch und sage ihnen ganz ehrlich, was ich davon halte. Vor allem macht es mich stolz, dass wir Mädels mit unserer Musik motivieren können. Vielleicht haben die vorher schon mal drüber nachgedacht, aber sich nicht getraut und wegen uns fangen sie jetzt an, gemeinsam Musik zu machen.

Wir ficken deine Mutter

Dafür, dass SXTN ein Rap-Duo war und ich auf einmal nicht nur sang, sondern auch rappte, hatte ich mich bis dahin eigentlich überhaupt noch nicht mit deutschem Rap auseinandergesetzt. Rap hatte, abgesehen von dem, was halt so im Musikfernsehen lief, eigentlich nie eine große Rolle für mich gespielt. Wenn überhaupt, dann kannte ich US-Rap durch meinen Onkel und meine älteren Geschwister: 2Pac, Biggie, Bone Thugs-N-Harmony und Mase oder Nas. Ich kannte auch ein paar der Songs, aber eigentlich eher nur die Namen.

Dass ich mich so wirklich mit Deutschrap auseinandersetzte, fing eigentlich erst an, als wir in Interviews saßen und zu Deutschrap befragt wurden. Juju hatte total den Plan, weil sie immer schon ein hardcore HipHop-Fan gewesen war. Aber ich kannte eigentlich kaum jemanden. Das war überhaupt nicht böse gemeint. Es interessierte mich nur einfach nicht. Leider kam es aber total respektlos rüber, weshalb ich anfing, mich nach und nach über meine Arbeitskollegen zu informieren. Oft bekam ich auch Sachen über Juju mit, die die letzten zehn Jahre praktisch nichts anderes gehört hatte. Ich konnte und kann Musik hören, wenn ich sie auch fühle – und die meisten deutschen Rapper und ihre Songs fühlte ich einfach nicht.

Was ich hingegen fühlte, war, mit SXTN auf der Bühne zu stehen. Auch, wenn wir beide immer extrem aufgeregt waren, aber versuchten, es uns nicht anmerken zu lassen, um uns nicht gegenseitig hochzuschaukeln.

Vielleicht lag es an den ganzen Auftritten mit den Crackhuren, aber mir machte das nie viel aus. Ich stellte mir gar nicht vor, dass da viele Leute vor der Bühne stehen und etwas Krasses erwarten. Sondern dachte mir immer nur: Die Leute wollten uns sehen, wie wir sind, weil sie uns so aus unserer Musik oder aus Interviews und von Instagram kannten – also ist es doch eigentlich das Leichteste der Welt, ihnen genau das zu geben. Nämlich indem man man selbst ist.

Besonders gerne denke ich an die Anfangszeit mit SXTN zurück. Das war ein richtiger Struggle, aber wir machten das Beste draus. Wir hatten noch kein Standing und das alles war noch überhaupt nicht selbstverständlich. Am Anfang konnten wir überhaupt nicht glauben, dass wir Fans hatten und chillten nach den Konzerten mit den Leuten. Ich wollte und will wissen, wer meine Musik feiert und warum derjenige das tut. Schließlich sind die Fans dafür verantwortlich, dass ich bin, wo ich bin.

Nach der Anfangsphase von SXTN wurde Rap langsam, aber sicher zu einem Job. Wir drehten Videos, führten Interviews, spielten größere Konzerte, bekamen Klamotten geschenkt und verdienten zum ersten Mal richtig Geld mit der

Musik. Wenn das passiert und man berühmt wird, fangen Leute natürlich an, einen anders zu behandeln. Ich versuche bis heute, das nicht an mich ranzulassen. Wer mir sehr dabei hilft, ist mein Bruder – mit ihm an meiner Seite könnte ich sowieso nie abheben.

Und, ganz ehrlich, viel wichtiger als der Erfolg mit SXTN war etwas ganz anderes: Zum ersten Mal hatte ich das Gefühl, wirklich angekommen zu sein. Dort zu stehen, wo ich hingehöre. Wo ich sein kann, wer ich bin.

Mit unserem Debütalbum stiegen wir auf Platz 8 der Charts ein, für »Von Party zu Party«, »Bongzimmer« und »Fotzen im Club« gab es Goldene Schallplatten für jeweils über 200.000 verkaufte Einheiten. Wir spielten zwei komplett ausverkaufte Touren und erhielten für eine davon 2018 den Live Entertainment Award. Heute ist das alles total normal und jeder hört, ganz selbstverständlich, Rap von Frauen.

Klar gab es vor uns auch schon rappende Frauen. Sabrina Setlur, Cora E. oder zum Beispiel Schwesta Ewa. Aber dass Labels heute ganz gezielt Rapperinnen signen wollen und viele rappende Mädels erfolgreicher als ihre männlichen Kollegen sind, ist safe unser Verdienst.

Der Anfang vom Ende

Juju ist und bleibt für mich die beste Rapperin in Deutschland. Das habe ich schon damals in jedem Interview gesagt und das tue ich auch heute noch. Vielleicht hat sie sich inhaltlich etwas verändert, aber ihre Technik und ihre Live-Qualitäten auf der Bühne – was das angeht, spielt sie ganz vorne mit.

Meine beste Freundin war sie auch. Schon in der Zeit vor SXTN chillten wir jeden Tag miteinander. Als ich irgendwann mal wieder keine Bude hatte, durfte ich bei ihr in ihrem 20-Quadratmeter-Zimmer einziehen. Ist doch klar, dass wir füreinander da waren, aber es manchmal auch zu Reibereien kam. Für mich war das beinahe wie unter Geschwistern, aber eben nur beinahe. Jeder dachte von sich, dass er im Recht sei.

Aber wir waren uns nie lange böse – und wenn Juju schlecht drauf war, veranstaltete ich irgendeinen Blödsinn, um sie wieder aufzumuntern. Das war schon vor der SXTN-Zeit so. Als wir mal müde herumlagen und das Geld zu knapp war, um Essen zu bestellen, verließ ich unter dem Vorwand auf Toilette zu müssen das Zimmer und ging in die

Küche, um dort Schnittchen zu machen und sie ihr ans Sofa zu bringen.

Bei unseren ersten Auftritten waren am Anfang nur Juju, Stella und ich zusammen unterwegs. Dann kam für eine kurze Zeit Reaf als unser DJ dazu, der aber bei unserer ersten Tour von Sam Salam ersetzt wurde. Weil wir beide jeweils noch einen Job vergeben durften, begleiteten Jujus Ex-Freund und mein Bruder Ramadan uns. Hinzu kamen außerdem noch Johann, Matze und Moe, die für Licht und Ton zuständig waren. Wir waren nicht einfach nur eine Zweckgemeinschaft, sondern richtige Freunde. Anders ging das in meinen Augen auch gar nicht.

Unsere erste Tour fuhren wir mit zwei Sprintern. Der eine war komplett full mit Leuten. Den anderen fuhr Jujus Ex-Freund, und sie legte sich dort zum Pennen hin. Nach den Shows hingen wir alle immer in meinem Zimmer rum und chillten, wodurch wir natürlich noch enger zusammenwuchsen und eine richtige Familie wurden. Wir chillten einfach zusammen oder feierten die Geburtstage der Crew.

Juju war in der Zeit auch manchmal krank, und wir mussten sogar manche Konzerte absagen. Deshalb kümmerte ich mich größtenteils um Social-Media-Sachen oder die Treffen mit den Fans nach den Konzerten. Ich ging oft allein nach den Shows noch aus dem Backstage zu den Fans, was ich eigentlich voll schade fand – genau wie die Leute.

All solche Sachen führten dazu, dass die Gruppe sich irgendwie spaltete. Ich hatte das Gefühl, dass Juju auf der Tour irgendwie anders war. Ich weiß nicht, ob es an uns lag. Rückblickend weiß ich, dass wir uns nichts vorzuwerfen haben. Wir alle waren zueinander loving, caring und overprotective. Meine Crew war und ist so wundervoll – etwas, das ich nun noch mehr als vorher bemerke. Jeder macht nicht nur seinen Job, sondern gibt mir so ein tolles Gefühl, dass ich gar nicht anders kann, als mich auf Tour heimelig und wohlzufühlen.

Auch nach der Tour veranstalteten wir regelmäßig gemeinsame Abendessen, um uns trotz unterschiedlicher Wohnorte zwischen Berlin, Hamburg, Frankfurt und München noch zu sehen. Um die Touren und Festivals zu organisieren, hatten wir schon vor langer Zeit eine SXTN-Tour-Crew-WhatsApp-Gruppe gegründet. Juju war natürlich auch in der Gruppe und wurde zu den Treffen eingeladen, aber beteiligte sich kaum. Über die nächste Tour und die Festivals, die wir in einem Bus absolvierten, wuchs die Gruppe noch enger zusammen, während der Abstand zu Juju ungewollt immer größer wurde. Alle waren total traurig darüber, aber wir konnten ja nichts erzwingen. Also gaben wir ihr den Freiraum, den sie anscheinend brauchte. Wenn sie dann doch mal dazukam, freuten wir uns.

Während der Festivalsaison im Sommer 2018 hatte ich das Gefühl, dass wir live nicht mehr so ablieferten wie die Jahre davor. Während ich vor Auftritten eher kiffte, trank Juju vor den Shows Alkohol und kam manchmal schon angetrunken auf die Bühne. Auf der zweiten Tour wurde Juju wegen ihrer heiseren Stimme oft von Playback unterstützt.

Als es mit SXTN losging, hatten Juju und ich uns oft über Rapper lustig gemacht, die auf der Bühne eine schlechte Performance hinlegten. Und eine Zeit lang waren wir beiden live echt unschlagbar, deshalb war ich enttäuscht über diese Entwicklung.

Auch in einem anderen Punkt waren wir uns uneinig. Meine Idee war immer: Wenn ich eine Reichweite habe, werde ich sie nutzen, um gewisse Dinge und Missstände anzusprechen. Das war schon bei den Crackhuren so. Wir waren damals schon krass politisch. Jeder wusste, dass wir gegen Nazis sind. Wir tolerierten es auch nicht, wenn auf den Festivals, bei denen wir spielten, die oft auch im Osten stattfanden, plötzlich Nazis im Publikum waren. Als ich mit SXTN dann eine noch größere Reichweite bekam, war mir klar, dass ich das für mich nutzen wollte. Für mich war von Anfang an klar, dass SXTN auch eine politische Message haben soll. Wir griffen Themen wie Rassismus, Sexismus und Feminismus auch in unseren Songs auf. Einer der ersten Texte, die ich schrieb, war »Ich bin schwarz«. Ein selbstbewusster Song, der mir superwichtig war. Ich wollte schon seit Jahren einen solchen Song schreiben. Einen, in dem ich nicht traurig darüber bin, dass andere die N-Bombe droppen oder die Leute ständig Vorurteile haben. Sondern einfach einen Song, in dem ich das verarsche. Was nicht heißt, dass ich cool damit bin, sondern, dass ich anders damit umgehe. Das Thema Rassismus war beim Texte schreiben das erste, woran ich dachte.

Wenn ich mich zu bestimmten Sachen äußerte – egal ob in Interviews oder auf Instagram, stellte Juju mich hinterher oft zur Rede. Irgendwann kaum noch persönlich, sondern über Guy und Claus.

Ihr waren meine Äußerungen zu politisch. Ich verstand

das nicht. Juju war nicht unbedingt jemand, der selbst auf Demos ging – aber viele unserer damaligen Freunde waren politisch aktiv und gingen auch auf die Straße. Das war ein Moment, in dem ich sie wirklich nicht wiedererkannte.

Hinzu kam aber auch noch etwas anderes: Nach dem Erfolg von »Leben am Limit« beschlossen Juju und ich, auch Features und Solosongs zu machen. Sie hatte ihre Songs mit Said und Capital Bra, ich hatte meine mit AchtVier und SAM. Dabei war immer klar, dass wir auch weiter als SXTN Musik machen würden.

Während ich ihr immer sofort total euphorisch von neuen Sessions mit anderen Künstlern erzählte und Demos schickte, um sie nach ihrer Meinung zu fragen, ließ sie mich immer weniger an ihren Sachen teilhaben und gab mir auch kein Feedback zu Songs, die ich ihr schickte. Während ich sie bei ihren Moves unterstützte und ihre Songs sofort postete, tat sie das bei mir irgendwann nicht mehr. Wenn ich sie darauf ansprach, wich sie mir aus. Als ich sie pushte, aber sie das bei mir nicht tat, fragten Fans und sogar Ramadan, warum sie meine Songs nicht mehr postete. Das war mir zwar unangenehm, aber am Anfang dachte ich mir dabei gar nichts. Erst nach und nach bekam ich das Gefühl, dass wir kein wirkliches Team mehr waren.

Am Anfang redete ich mir noch ein, dass es vielleicht daran liegen könnte, dass wir in den letzten Jahren einfach zu viel Zeit miteinander verbracht hatten. Erst hingen wir als Freundinnen in unserer Freizeit gemeinsam rum, dann auch noch beruflich – nicht nur im Studio, sondern auch auf Tour. Also schlug ich vor, dass wir uns vielleicht nicht mehr so oft sehen, stattdessen aber einmal im Monat einen Tag füreinander planten, der in einem Restaurant unserer Wahl enden sollte.

Bei unserem ersten Date holte ich Juju ab und begleitete sie zum Friseur, wo sie sich Extensions machen ließ. Danach gingen wir etwas essen und Kaffee trinken. Es war eigentlich voll der schöne Tag! Aber als sie anschließend an der Reihe war, passierte gar nichts. Ich fragte sie ein paarmal, wann wir das nächste Mal so einen Tag miteinander verbringen würden, aber sie fand keine Zeit dafür.

Wenn wir uns bei den Festivalauftritten sahen, distanzierten wir uns immer mehr voneinander, und sie tat, als sei nichts gewesen. Ich hatte den Eindruck, dass sie offensichtlich nicht daran interessiert war, die Lücke zwischen uns zu schließen, was mich sehr verletzte.

babebabe

Schon im Frühjahr hatte ich den Song »babebabe« mit Sam veröffentlicht. Kennengelernt hatten wir uns noch vor meiner Zeit mit SXTN. Er wollte mit ein paar von seinen Leuten in den Club, an dessen Tür ich zu der Zeit arbeitete. Nach dem Ende meiner Schicht kamen wir ins Gespräch und verstanden uns so gut, dass wir danach noch in eine Bar gingen. Als SAM wenig später aus Ochsenhausen nach Berlin zog, verbrachte ich viel Zeit mit ihm und seinen Boys. Im Grunde hingen wir jeden Tag miteinander rum.

Sam war auch Rapper und hatte mit seinem Bruder Chelo das Duo SAM gegründet und einen Vertrag bei Chimperator unterschrieben. Daran, dass wir beide Musiker waren und vielleicht mal einen gemeinsamen Song machen könnten, dachten wir die ersten Jahre überhaupt nicht. Aber irgendwann gingen wir doch zusammen ins Studio.

Der Song war ursprünglich von SAM und sollte nur ein Feature mit mir werden. Aber Claus und Guy sprachen mit Sam und fragten ihn, ob es für ihn okay wäre, wenn wir daraus einen Nura-Song mit SAM-Feature machen würden. Denn ich wollte nach den ganzen Rap-Sachen unbedingt einen R&B-Song machen. Gleichzeitig war ich total nervös, weil ich keine Ahnung hatte, wie die Fans darauf reagieren würden. Der Song entstand, während alle unsere Freunde mit im Studio waren und jede neue Zeile abfeierten. Alle waren dabei: Schmuse Guise, ein Freund von mir und Sam, ist Produzent und hat uns an dem Tag aufgenommen, und Dre war auch dabei, der Freund, von dem ich damals den Ausweis verlangt habe, als ich Sam und seine Crew kennengelernt habe.

Alle sangen mit und riefen ständig, was für ein krasser Hit der Song sei. Logisch, dass sie auch alle im Video zu sehen sein mussten. »babebabe« war wirklich von der ersten bis zur letzten Sekunde ein Herzensding.

Nura – babebabe
feat. SAM

Letzte Nacht war lit, Baby, Baby
Was war das für'n Trip, Baby, Baby?
Ich sag', wie's ist, Baby, Baby
Du bist verrückt, Baby, Baby, woof
Das Auto geknackt, die Fahrt über Nacht, alles gemacht
Letzte Nacht war dope, wir hab'n so viel gelacht
Weißt du noch, wie es war, Baby, Baby?
Los, lass nochmal, Baby, Baby, wouh

Ey, nimm mich mit, ganz genauso wie letzte Nacht
Ey, so 'ne Scheiße hab'n wir lang nicht mehr gemacht
Mach es nochmal, uh, uh, uh

Es tut so gu-ut
Ich nehm' dich mit, ganz genauso wie Freitagnacht
Ey, so 'ne Scheiße hab'n wir lang nicht mehr gemacht
Mach es nochmal, uh, uh, uh
Hast du Samstag was zu tu-un?

Letzte Nacht war sick, Baby, Baby
Mehr als 'n Fick, Baby, Baby
Ich sag', wie's ist, Baby, Baby
Du hast 'n Tick, Baby, Baby, wouh
Die Tarnmütze an, den Job überfall'n, die Cops sind egal
Heute Nacht taten wir das, was sonst keiner macht
Weißt du noch, wie es war, Baby, Baby?
Los, lass nochmal, Baby, Baby, wouh

Ey, nimm mich mit, ganz genauso wie letzte Nacht
Ey, so 'ne Scheiße hab'n wir lang nicht mehr gemacht
Mach es nochmal, uh, uh, uh
Es tut so gu-ut
Ich nehm' dich mit, ganz genauso wie Freitagnacht
Ey, so 'ne Scheiße hab'n wir lang nicht mehr gemacht
Mach es nochmal, uh, uh, uh
Hast du Samstag was zu tu-un?

Letzte Nacht war lit, Baby, Baby
Ich bin mehr als nur 'ne Bitch, Baby, Baby
Du fragst, »Kommst du mit mir mit, Baby, Baby?«
Jibbit brennt, nimm noch 'n Hit, Baby, Baby, uh-uh
Baby fährt ein Coup, wir machen Drive-by

Egal, wie viele Narben, ja, du bleibst heiß
4-2-0 ist der Lifestyle
Und wenn wir kommen, komm'n wir zeitgleich

Ey, nimm mich mit, ganz genauso wie letzte Nacht
Ey, so 'ne Scheiße hab'n wir lang nicht mehr gemacht
Mach es nochmal, uh, uh, uh
Denn es tut so gu-ut (sing es, Baby)
Ich nehm' dich mit, ganz genauso wie Freitagnacht
Ey, so 'ne Scheiße hab'n wir lang nicht mehr gemacht
Mach es nochmal, uh, uh, uh
Hast du Samstag was zu tu-un? (hey)
Ich nehm' dich mit, ganz genauso wie letzte Nacht
Ey, so 'ne Scheiße hab'n wir lang nicht mehr gemacht
Mach es nochmal, uh, uh, uh
Es tut so gu-ut

Kurz nach der Entstehung des Songs bekam ich eine Einladung vom Streaminganbieter Spotify, bei ihrem Modus-Mio-Festival in Dortmund eine Soloshow zu spielen. Ich sagte erst mal ab, denn ich wollte unter keinen Umständen alleine auf der Bühne stehen. Ich hatte richtig Angst.

Dilara von Spotify versuchte, mich zu übereden. Guy und Claus versuchten, mich zu überreden. Aber ich sagte immer wieder ab, weil ich mich dafür nicht ready fühlte. Monatelang ging das so. Aber schließlich willigte ich doch ein.

Um nicht alleine auf der Bühne stehen zu müssen, beschloss ich, dass Ramadan, Moe und unser gemeinsamer

Kumpel Jarred mich als Tänzer begleiten würden. Da waren sie wieder: Die Omer Three – auch wenn Hannan durch Moe ersetzt wurde.

Außerdem fragte ich Sam und den Sänger Remoe, ob sie sich vorstellen könnten, mit mir dort aufzutreten. Remoe hatte ich in der Zwischenzeit kennengelernt, weil ich krasser Fan von ein paar seiner Songs war. Irgendwann fuhr Remoe zu mir nach Berlin, und wir nahmen den Song »SOS« für mein Album auf. Ein paar Monate darauf fuhr ich nach Stuttgart zu ihm, wo wir den Song »Nackt« für sein Album produzierten. Als Kameramann heuerte ich Cano an, einen jungen Typen aus dem EASYdoesit-Umfeld, den die meisten von euch heute wohl unter dem Namen Pashanim kennen dürften.

Die Show war richtig krass. Meine Schwester Hannan, meine Freundin Sirin und ein paar weitere Freunde aus Wuppertal waren da – und ich stand zum ersten Mal alleine auf der Bühne, performte zum ersten Mal gemeinsam mit meinen Brüdern und spielte zum ersten Mal »babebabe« live.

Nach dem Modus-Mio-Festival fuhr ich zurück nach Berlin, packte in einer Stunde meinen Koffer und flog dann in die Schweiz, um von dort mit meiner Freundin Cosima nach Amsterdam zu fliegen – der erste Urlaub nach dem Festival-Sommer. Weil ich den ganzen Tag damit beschäftigt war, von einem Flieger in den nächsten zu steigen, schaute ich erst am Abend auf mein Handy. Zig Freunde hatten den Tag über versucht, mich zu erreichen: Jetzt rief Haile mich an. Sam sei ins Koma gefallen, aber es sei nur vorübergehend und durch eine Operation bedingt. Er würde bald wieder aufwachen.

Ein paar Tage später, an Halloween bekam ich einen Anruf von Guy und Claus. Die beiden teilten mir mit, dass ich für zwei 1LIVE Kronen nominiert sei – als bester Newcomer und beste Solokünstlerin. Eigentlich hätte ich mich freuen sollen, aber wegen der Sache mit Sam hatte ich gemischte Gefühle. Kurz nachdem ich aufgelegt hatte, bekam ich wieder einen Anruf von Haile. Es stünde nicht gut um Sam. Wenn ich mich von ihm verabschieden wolle, solle ich am besten jetzt ins Krankenhaus kommen.

Ich war vollkommen neben der Spur. Eine halbe Stunde später klingelte wieder das Telefon. Erneut waren Guy und Claus dran, die von mir wissen wollten, was der Post von Juju denn solle. Ich hatte keine Ahnung, wovon die beiden sprachen, und musste erst mal auf Instagram nachschauen.

Tatsächlich: Dort hatte Juju im Rahmen eines Q&As gepostet, dass zwischen ihr und mir schon seit Längerem kein Kontakt mehr bestehen würde, wir entschieden hätten, getrennte Wege zu gehen, und dass sie gerade an ihrem Soloalbum arbeiten würde. Davon waren wir alle geschockt. Guy und Claus hatten schon versucht, Juju zu erreichen, und wollten von mir wissen, ob wir uns gestritten hätten. Ich verneinte. Ich war genauso perplex wie die beiden und erfuhr von Instagram, dass es unsere Band so nicht mehr geben würde. Meine Inbox platzte fast vor Nachrichten und Nachfragen von Fans, die natürlich eine Erklärung wollten, während ich ganz andere Sachen im Kopf hatte.

Wir liefen uns nach der ganzen Sache nur noch ein einziges Mal über den Weg. Bei einer Party gehörten wir seltsamerweise zu den ersten Gästen. Ich war mit meinen Brüdern dort, sie mit Freunden. Ich versuchte, mit Juju ins Gespräch zu kommen, aber merkte gleich, wie unangenehm ihr die Situation war. Um das alles etwas aufzulockern, bestellte ich an der Bar Shots für uns alle. Aber dann kippten alle ihr Shots runter und kurz danach war weit und breit nichts mehr von ihr zu sehen. Das war das letzte Mal, dass ich Juju sah.

Diese Ungewissheit war einfach scheiße. Ich hätte mir gewünscht, dass sie mir einfach gesagt hätte, was falsch gelaufen war, und wir das persönlich hätten besprechen können.

Ich habe mich bis heute nie öffentlich zum Ende von SXTN geäußert, weil ich durch den Tod von Sam einfach gelähmt war. So eine gravierende Sache in meinem Leben war passiert.

Als ich wenig später in Interviews zu unserer Trennung befragt wurde, sagte ich einfach nichts dazu. Juju erzählte in den Interviews zu ihrem Album hingegen, dass wir über die Trennung geredet hätten. Ich ließ das so stehen.

Vielleicht wird sie mir die ganze Sache irgendwann erklären, wir werden drüber lachen und alles wird gut. Mit all meinen Ex-Freunden bin ich schließlich auch noch dicke.

Ich hoffe, wenn wir uns eines Tages wiedersehen, können wir normal miteinander umgehen, denn wir haben viele Jahre unseres Lebens miteinander verbracht und eine krasse Zeit zusammen gehabt. Ich wünsche ihr nach wie vor nur Gutes, stehe hinter ihr und feiere sie als Person, die sie für mich war. Sie hat es so weit gebracht und ich bin megaglücklich, dass ich ihre Mutter nicht enttäuscht habe.

Bist du dabei?

Ein zentrales Element von Rap und HipHop war für mich immer Gleichberechtigung. Gerade am Anfang gab Rap schwarzen Menschen in den USA, wo er entstanden ist, eine Stimme. Einen Text schreiben und über einen Rap Beat rappen, war eine Möglichkeit, sich zu äußern, auf seine Situation aufmerksam zu machen, sich zusammenzuschließen – und so gegen Unterdrückung zu wehren. Deshalb war Rap für mich immer auch schon eine Kunstform, die für Gleichberechtigung stand.

In Amerika ist das zwar auch nicht überall, aber doch oft auch im Mainstream bis heute der Fall. Ganz anders als in Deutschland, wo alles, was nicht hetero ist, gar nicht geht. Young M.A. als lesbische Rapperin oder Lil Nas X als schwuler Rapper werden weltweit ungeachtet ihrer sexuellen Orientierung gefeiert, während so etwas hier in Deutschland gleich ein riesen Ding ist. Ich finde das einfach schade. Was soll diese Doppelmoral? Manchmal denke ich: Die Leute wollen wie Amerika sein, aber haten wie Deutsche.

Ich finde das irgendwie schade und würde mir wünschen, dass Rap sich wieder mehr als das versteht, was es mal war und sein Potenzial voll ausschöpft. Ich habe einen gewissen Antrieb als Musikerin, der sich mit meiner Persönlichkeit gleicht. Vor allem als Rapperin will ich gesellschaftskritisch sein und Missstände aufzeigen.

Wie schon gesagt: Ich hatte lange Zeit eigentlich gar keine Ahnung von der Rap-Szene. Ich hörte halt hier und da die Musik, aber das war es auch schon. Mittlerweile bin ich als Künstlerin eine Weile Teil der deutschen Rap-Szene – und in der Zeit habe ich wirklich alles gesehen und festgestellt, dass es einige Dinge gibt, die mich enttäuschen.

Zum Beispiel finden sich unter meinen Videos locker rassistische Beleidigungen und, wie unter jedem anderen Video einer rappenden Frau auch, jede Menge sexistische Kommentare. Von Rap-Fans! Ich verstehe das nicht. Leute feiern Nicki Minaj, aber wenn sich in Deutschland eine Frau sexy zeigt oder über Sex rappt, heißt es direkt, sie sei eine Schlampe.

Überhaupt: Frauen, die rappen oder in Videos mitspielen, müssen immer gleich wie Topmodels aussehen, damit sie nicht beleidigt werden, während Männer ganz easy mit ihren Jungs, ihren Autos und ihren Klamotten ablenken können.

Und wenn eine Frau ein Feature mit einem Typen aufnimmt, dann heißt es direkt, dass sie es sich durch Sex erarbeitet hat. Nicht einer würde auf die Idee kommen, dass sie vielleicht nach dem Feature gefragt worden ist. Das Gerücht hört sich aber eben viel geiler an als die Wahrheit und die Leute wollen denken, dass es so passiert ist.

Ich würde mir wünschen, dass Frauen wenigstens untereinander zusammenhalten würden. Aber alle erzählen immer von Empowerment und Schwester hier, Schwester da – aber dann wird sich gegenseitig überhaupt nicht supportet.

Generell stört mich an den ohnehin viel zu vielen Beefs und Konflikten, dass die Rapper ihren Kram nicht selber regeln!

In Deutschland ist Rap wie in der Schule, wo man Stress mit jemandem hatte, es aber nicht alleine klären wollte und nach Hause gegangen ist, um seinen großen Bruder zu holen. Diese ganzen Typen stehen nicht alleine da, sondern jeder hat einen krassen Rücken.

Dass es auch anders geht, lernte ich durch Farid Bang. Er fing irgendwann an, mich und Juju zu dissen und zu sticheln. In Songs, aber auch in seinen Stories bei Instagram. Juju schoss irgendwann zurück. In unserem ersten SXTN-Interview erzählte ich, dass ich ihn lustig fand. Ich kannte zwar keine Songs, sondern nur Ausschnitte aus Interviews mit ihm und feierte seinen Humor. Er reagierte zwar ab und an auf meine Insta-Stories, aber ich ignorierte ihn weiterhin.

Zu der Zeit beteiligte ich mich an einer Antirassismus-Kampagne. Ich postete also auf Instagram, und ausgerechnet Farid machte einen Screenshot davon, teilte ihn in seiner Story und kommentierte meinen Post mit »#niemalsantaeuschen«, dem Claim seiner Promophase. Danach gingen natürlich alle seine Fans auf mein Profil und fingen an, auch unter meinem Bild Kommentare zu schreiben – weil er zu der Zeit ja immer wieder gegen SXTN stichelte, schrieben die Fans natürlich nur negative Dinge. Ich wusste nicht, ob er mir mit der Aktion Props geben oder mich verarschen wollte.

Vor allem fand ich es nicht cool, weil die Kampagne wirklich eine ernste Sache war, und ich hatte keine Lust, ein Teil seiner Promophase zu sein. Also deaktivierte ich daraufhin die Kommentare für diesen Post und blockierte Farid.

Er fand ziemlich schnell heraus, dass ich ihn blockiert hatte, was er zum Anlass nahm, gleich wieder eine Story über mich zu machen. Daraufhin fingen seine Fans an, unter den nächsten Post von mir zu schreiben, bei dem die Kommentare noch nicht deaktiviert waren – und das war der Post, den ich für meinen verstorbenen Freund Sam verfasst hatte. Man konnte wirklich dabei zugucken, wie seine Fans respektlose Sachen in die Kommentare schrieben: von dem Vorwurf, Sam wäre an Drogen gestorben, oder »Wer ist das überhaupt?« bis hin zu »Gott sei Dank ist er tot!« – richtig ekelhaft!

Der Tag, an dem das passierte, war der erste, an dem ich nach der Beerdigung von Sam wieder einen Fuß vor die Tür gesetzt hatte – und zwar, um zu meiner Mama zu fahren. Klar weinte ich auch, aber vor allem aus Wut. Irgendwann war ich so abgefuckt, dass ich einen gemeinsamen Freund bat, mir Farids Nummer zu geben und schrieb ihm, dass ich gerne mal telefonieren würde.

Er rief zurück, ich erklärte ihm, was mir in den letzten Wochen passiert sei. Farid erklärte mir, dass es gar nicht seine Intention war, mir seine Fans auf den Hals zu hetzen, und entschuldigte sich für sein Verhalten – und seitdem behandeln wir uns mit sehr viel Respekt.

Nach SXTN hat sich die Lage beruhigt, was Beef mit Rappern angeht. Als Solokünstlerin ist mir das noch nicht passiert. Aber was nicht ist, kann ja noch werden, ne?

Ich habe zu Beginn des Kapitels ja schon erwähnt, dass ich mir oft mehr Inhalt in den Texten wünschen würde. Am Anfang ist es ja oft so: Wenn Rapper neu ins Game kommen, haben sie meist noch ein ganz anderes Mindset. Die meisten haben nichts, außer etwas zu sagen. Sie haben eine Meinung, eine Haltung und eine Botschaft. Aber dann kommt der Erfolg und mit dem meistens auch das Geld – und plötzlich ändert sich die Musik. Die Leute verlieren ihren Kopf, ihre Werte und ihre Haltung. Mit solchen Themen können sich natürlich nur die wenigsten identifizieren. Also versucht man, den Lifestyle nachzuahmen. Aber wie soll ein Schüler sich denn die Klamotten leisten, die ein Star sich kauft. Wie soll ein Kind das Leben eines Erwachsenen leisten?

Aber es kommt eben gut an. Und wenn Rapper merken, dass ein bestimmter Style gut ankommt, dann versuchen sie, immer wieder in die gleiche Kerbe zu schlagen. Sie suchen sich die besten Produzenten, die besten Songwriter und machen immer wieder den gleichen Song. Wie am Fließband! Ich mache lieber weiter einfach mein Ding und stehe erst in zehn Jahren auf Platz 1, als jetzt sofort, nur um dabei meine Ideale über Bord zu werfen. Auch, weil ich als Künstler wachsen und mich weiterentwickeln will. Meine

Fans wollen doch auch von mir hören, wie ich mich weiterentwickele.

Ich selbst bin auch Fan von Künstlern, die sich weiterentwickeln, bei denen man von Album zu Album hört, dass sie sich in ihren Texten oder ihrer Musik nicht auf ein Erfolgsrezept beschränken, sondern als Menschen reifen und wachsen und das wiederum auch in ihrer Kunst zu hören ist. Und damit meine ich nicht, dass man auf dem ersten Album von einer Rolex und auf dem nächsten von einer Uhr erzählt, die doppelt so viel gekostet hat.

Ich habe ja gar nichts dagegen, über Geld und Schmuck zu rappen und damit zu protzen. Dass Leute, die mal nichts hatten, darüber rappen, dass sie jetzt etwas haben, ist doch cool und sie haben es sich mehr als verdient, Mashallah. Aber wenn sich jeder Song gleich anhört und es nur noch darum geht, dass man es jetzt geschafft hat und sich alles kaufen kann, ist das meiner Meinung nach langweilig. Ja, Message ist angekommen. Aber lasst uns doch auch mal wieder über andere Dinge reden und rappen.

Interessant war auch zu sehen, wie manche Leute sich durch ihren Hype total veränderten. Ein paar meiner Kollegen hatten in der Zeit, nachdem man sie kennenlernte, richtig krasse Hypes und veränderten sich dadurch total. Künstler, die sich nach außen politisch geben, obwohl sie damit überhaupt nichts am Hut haben, aber sich dadurch mehr Erfolg erhoffen. Genauso aber auch Musiker, die eine politische Meinung haben, aber sie nicht äußern, weil sie Angst haben, ihre Fans zu vergraulen. Ich bin der Meinung, dass man sich von so etwas nicht einschüchtern lassen darf!

Und es geht ja auch anders: Bei K.I.Z zieht sich ein gesellschaftskritischer Ansatz durch die Alben. Auch Ebow oder Alli Neumann finde ich mega. KUMMER, das Soloprojekt von Kraftklub-Sänger Felix Brummer genauso wie KeKe – oder SEEED, mit denen ich eine ganz besondere Studio-Session verbinde.

Ich mag den Austausch und bin immer total neugierig, wie andere Künstler im Studio arbeiten. Mit SEEED war ich gleich zwei Tage zusammen im Studio. Ich kam schon mit meinem fertigen Text hin und wollte eigentlich nur meinen Part einrappen. Ich ging also in die Booth, legte los, ging wieder raus – und auf einmal meinten die Jungs: »Ja, der erste Part ist schon geil, aber an der zweiten Strophe könnten wir noch ein bisschen was machen.«

Das war mir vorher noch nie passiert! Aber es fühlte sich überhaupt nicht schlimm an, und wir fingen an, zusammen noch mal an den Text zu gehen. Vorher hätte ich das vielleicht abgelehnt. Aber durch diese Erfahrung mit SEEED habe ich gelernt, dass der Text dadurch eigentlich nur besser werden kann. Weil es gar nichts damit zu tun hat, dass dich jemand runtermachen oder sein Ego durchboxen will, sondern einfach will, dass man gemeinsam, auf Augenhöhe dafür sorgt, dass der Song runder wird. Das kann nichts Schlechtes sein und zeigt mir, dass es auch ganz anders geht.

Ich bin schwarz

Meinen ersten Soloauftritt hatte ich 2018 bei #wirsindmehr in Chemnitz. Im August des Jahres war am Rande des Chemnitzer Stadtfestes der 35-jährige Daniel H. erstochen worden. Der Tat verdächtigt wurden ein Syrer und ein Iraker. Angeheizt durch Meldungen in sozialen Netzwerken, fand in Chemnitz anschließend eine von der Bürgerbewegung Pro Chemnitz angemeldete Demonstration statt, bei der es zu fremdenfeindlichen Ausschreitungen kam.

Kurz darauf fand ein von AfD und Pegida organisierter Trauermarsch sowie eine Gegendemonstration statt. Um den Eindruck zu korrigieren, die Stimmung in Chemnitz sei zugunsten der AfD und ihrer Anhänger gekippt, organisierten Kraftklub und das Chemnitzer Stadtmarketing kurzfristig ein Konzert in Chemnitz, das als Gegendemonstration konzipiert war und unter das Motto #wirsindmehr gestellt wurde.

Am Ende standen über 65.000 Menschen vor der Bühne und feierten die Auftritte von Kraftklub, Casper, K.I.Z, Feine Sahne Fischfilet, Trettmann, den Toten Hosen, Marteria und mir. Dort auf der Bühne zu stehen und gehüllt in eine Regenbogenfahne den Song »Ich bin schwarz« zu spielen, bedeutete mir wirklich viel.

Denn natürlich hatte ich als Kind und habe ich heute noch mit Rassismus zu kämpfen. Bei mir war das erste Mal in der Oberschule, als ein Junge mich die ganze Zeit Banane nannte und mir auch mal eine Banane hinterherwarf. Aber dann prügelten wir uns. So sind Kinder eben.

Richtig schlimm fand ich es eher, wenn ältere Menschen einem auf der Straße etwas hinterherriefen. »Scheiß Neger«, »Scheiß Ausländer«, »Scheiß Kanake«, »Geh in dein Land zurück!«, hörte man wirklich häufig.

Ramadan erzählte zu Hause oft davon. Wie er für seine Haare geärgert oder was ihm hinterhergerufen wurde. Er wollte seine Erfahrungen teilen und checken, ob es nur ihm so ging oder ob andere Leute in seinem Umfeld auch davon betroffen waren. Ich behielt solche Erlebnisse meistens für mich. Wenn ich zu Hause war, lag das eh schon in der Vergangenheit, man konnte es nicht ändern und vor allem wollte ich auch nicht, dass Mama sich Sorgen machte.

Es gab schon ein paar Nazis in Wuppertal. Sogar bei Ramadan im Jahrgang war ein Typ, der von jetzt auf gleich mit kahl rasiertem Schädel, in Springerstiefeln und mit Bomberjacke zur Schule kam. Abgesehen von ihm gab es aber definitiv genug Menschen, denen man ihre Meinung nicht am Kleidungsstil ansah.

Um meine Großeltern am anderen Ende der Stadt zu besuchen, mussten wir immer mit der Schwebebahn fahren. Meine Mutter, meine drei Geschwister und ich stiegen ein. Ein älterer Mann saß so auf einem, aber eigentlich zwei Sitzen, sodass der andere Platz nicht frei war. Ramadan bat den Mann durchzurutschen, damit meine Mutter sich setzen kann, was der Mann aber nicht wollte. Nachdem er uns einige Male rassistisch beleidigte, kam es dann leider zu einer Schlägerei zwischen ihm und Ramadan.

Ab und zu ist auch mal ein Verrückter durch die Straßen gelaufen und hat »Scheiß Ausländer!« gerufen. Aber diese Leute wurden meistens nur komisch angeguckt. Wuppertal hat einen relativ hohen Ausländeranteil, weshalb im Grunde keiner mit seiner Nazischeiße durchgekommen ist.

Aber klar gab es Möchtegern-Nazikinder, die die Meinung ihrer Eltern nachgeplappert haben. Doch ab einem gewissen Alter konnte man das ohnehin gut ausblenden. Wenn ein besoffener alter Mann vor dir steht und dich rassistisch beleidigt, ist es manchmal auch besser, es einfach auszublenden. Dann lohnt sich die Diskussion nicht.

Auf die Frage, was ich einen Tag lang gerne mal sein würde, habe ich in einem Fragebogen mal geantwortet: Weiß. Einfach, weil es krass wäre, mal einen Tag ohne Rassismus zu erleben. Aber auch nur einen Tag. Damals als ich klein war, habe ich mich immer gefragt, warum ich schwarz geboren bin und nicht einfach weiß sein konnte. Mich selbst zu akzeptieren, war ein Prozess. Meine Jugend war geprägt von Identitätskrisen und Unsicherheiten. Aber heute kann ich mit Stolz sagen: Ich fühle mich wohl in meiner Haut.

Nach meinem Auftritt bei #wirsindmehr bekam ich jede Menge krasses Feedback. Einerseits. Andererseits platzte nach dem Auftritt mein Postfach vor hasserfüllten Nachrichten. Was ich mir einbilden würde, bei so einer Veranstaltung zu spielen. Ich solle lieber die Schnauze halten. Künstler sollten sich nicht politisch äußern.

Ich kann das nicht verstehen. Natürlich kann man mit Rap ein politisches Bewusstsein schaffen. Aber viel zu viele halten die Schnauze. Die Leute reden immer von Influencern, aber du kannst deine Reichweite doch auch nutzen, um ab und zu damit Gutes oder Sinnvolles zu tun.

Musik eignet sich doch perfekt, um sich politisch zu äußern. Rap vielleicht noch etwas mehr, weil man auch mal ein »Hurensohn« benutzen kann, um seine Gefühle auszudrücken. Aber in beiden Fällen nutzt du deine Stimme – genau, wie wenn du auf die Straße gehst.

Zumal meine politische Meinung eigentlich doch überhaupt keine politische Meinung ist. Gegen Rassismus und für Menschenrechte zu sein, sollte in meinen Augen selbstverständlich sein. Warum sollte ich mir so etwas verkneifen?

Im Gegenteil, ich muss meine Meinung kundtun. Und wenn Leute sagen, dass ich die Jugend dadurch beeinflusse, dann kann ich nur sagen: Ja, mache ich – und ich bin verdammt stolz darauf.

Und ich würde mir wünschen, dass es noch mehr Menschen in der Öffentlichkeit geben würde, die ihre Reichweite auch nutzen. Gemeinsam ist man schließlich stärker. So wie Brothers Keepers damals.

SXTN war für mich eine Phase. So, wie ich in der Jugend immer Bong geraucht und Frauenarzt gehört hatte, war das eben auch eine Zeit, in der ich auf eine ganz bestimmte

Weise drauf war, eine bestimmte Einstellung zum Leben hatte und dementsprechend diese Musik machen konnte. Aber man sagt ja nicht umsonst, dass die Erfahrungen einen Menschen machen. Ich bin älter geworden. Jedu ist gestorben und ich habe mit Sam einen guten Freund verloren.

Oft denke ich, dieses Wochenende, an dem Sam starb und Juju die Trennung von SXTN bekannt gab, war das Ende, aber dann merke ich, dass es, so tragisch die Sache mit Sam und auch SXTN gewesen ist, auch ein Anfang war. Die Sache schweißte mich und alle Leute um ihn noch enger zusammen. Und es führte mir vor Augen, was im Leben eigentlich wirklich wichtig ist. Oft wird einem das leider erst im Nachhinein bewusst.

Auch, dass meine Schwester eine Tochter bekommen hat und ich jetzt Tante bin, war eine Sache, die mich veränderte – menschlich und musikalisch. All diese Dinge brachten mich zum Nachdenken. Darüber, ob ich materialistische Sachen singen oder doch etwas anders machen will.

Ich nahm all die Erfahrungen aus dem Jahr mit in die Produktion von »Habibi«. Es sollte ein melodisches Album werden. Ich wollte mich musikalisch überhaupt nicht festlegen. Wichtig war mir, dass es ins Ohr ging, aber trotzdem nicht oberflächlich blieb.

Die Songs des Albums schrieb ich in wirklich allen Lebenslagen. Das erklärt auch, warum sich auf dem Album Songs wie »Fortnite« und »Radio« genauso finden wie »Kein Bock« oder eben auch »babe«, der Song für Sam.

Nach seinem Tod war ich eine Zeit lang wie gelähmt. Ich hatte überhaupt keine Lust, Musik zu machen, und ging überhaupt nicht mehr ins Studio. Einerseits, weil ich um meinen guten Freund trauerte, andererseits, weil ich nicht verstehen konnte, wie Menschen um mich herum seinen Tod einfach so hinnahmen, kein Verständnis für meine Trauer aufbrachten oder sie im Gegenteil nicht respektierten, sondern mir bei Instagram schrieben, um sich nach seiner Todesursache zu erkundigen. Das war einfach voll eklig.

»babe« war dann der erste Song, den ich danach aufnahm, und es ist tatsächlich bis heute der einzige Song, den ich je gemacht habe, von dem nur eine einzige Aufnahme existiert. Aber es ging nicht anders. Ich konnte ihn wirklich nur einmal singen und kämpfte währenddessen mit den Tränen.

Wirklich enttäuscht war ich in der Zeit von meinem damaligen Management. Ich hätte mir, was die Albumproduktion anbelangt, mehr Unterstützung gewünscht. Ich hatte den Eindruck, durch die Trennung von Juju, die eigentlich gar keine Trennung war, litt nach und nach auch die Beziehung zu meinem Management. Juju und ich funktionierten gut zusammen, aber als einzelne Künstler waren wir ziemlich verschieden.

Ich sehe mich als Künstlerin, die gern sehr selbstständig arbeitet. Wenn ich mit jemandem arbeiten will, dann schreibe ich ihn auf Instagram an, ohne dass das Management die Featureanfrage klären muss.

Was die Musik anging, war das für mich total okay. Für den Rest hätte ich mir mehr erwartet. Für mich fehlte eine klare Struktur für mein Album. Andere Dinge liefen, aber ich war damit nicht wirklich glücklich: der Fahrplan für die

Promo, die Treatments für die Videos und all solche Sachen. Die nahm ich zusammen mit meinem Bruder Ramadan und Sam Salam immer mehr selbst in die Hand.

Es war anders als früher. Claus und Guy schauten nicht mehr so oft im Studio vorbei. Mir fehlte hier der Austausch: Die limitierte Box zu meinem Album hielt ich zum Beispiel das erste Mal fünf Tage vor der Veröffentlichung in den Händen.

Ich hatte das Gefühl, sie lassen mich hängen. Ich hatte vollstes Verständnis dafür, dass die Organisation von zwei Alben sich deutlich aufwendiger gestaltete als damals zu SXTN-Zeiten.

Mein Bruder bekam das natürlich mit. Gemeinsam mit Sam Salam kümmerten wir uns von da an zusammen mit Guy und Claus um die Fertigstellung des Albums, pickten Singles, schrieben Videotreatments, casteten Darsteller und und und. Bei der Organisation der Releaseparty packten Stella und Ramadan mit an.

Zu dem Zeitpunkt stand für mich bereits fest, dass ich Label und Management verlassen will. Zu einer Einigung kam es jedoch erst fast ein Jahr später.

Der Rest meines Teams blieb bestehen und ist bis heute der gleiche wie zu SXTN-Zeiten: Sam ist mein Haus- und Hofproduzent. Stella ist meine Managerin. Matze, Moe, Johann kenne ich seit vier, Stella und Sam schon seit zehn Jahren und meinen Bruder, wie euch aufgefallen sein dürfte, schon mein ganzes Leben. Mir ist wichtig, dass die Leute, mit denen ich arbeite, nicht einfach nur Mitarbeiter, sondern Freunde sind.

Denn wenn man auf Tour oder auf Festivals fährt, dann verbringt man wirklich viel Zeit miteinander. Im Tourbus, im Backstage, beim Catering, beim Soundcheck, vor und nach der Show. Dadurch wächst man richtig zusammen. Auch wir sind eine richtige Familie geworden. Wir feiern Geburtstage, wir lachen, wir weinen und wir langweilen uns zusammen. Wir haben die beste Zeit. Wir sind alle gleich. Und so sollte es doch eigentlich sein, oder?

Allo, Leute!

Zeitgleich mit der Veröffentlichung des Albums startete ich auch meinen eigenen Ratgeber-Podcast »Allo Leute!«. Auf die Idee kam ich, weil ich in der Zeit der Trauer über den Tod von Sam auf Instagram mal eine Fragerunde gestartet hatte – nur mit dem Unterschied, dass ich meine Fans nicht bat, mir Fragen zu stellen, sondern von ihnen wissen wollte, wie es ihnen gerade ging oder was ihre Probleme waren. Ich las mir alles durch und postete anschließend meine Antworten. Ganz nach dem Motto: »Schütt mir dein Herz aus – geteiltes Leid ist halbes Leid.« An der Fragerunde nahmen immer krass viele Leute teil.

So kam ich auf die Idee, einen Podcast daraus zu machen, in dem nicht nur meine Fans zu Wort kommen können, sondern in dem ich mir auch jedes Mal einen Gast einlade, um mit ihm über ein Thema zu sprechen. Ich sprach mit King Khalil über Hasskommentare, mit Jalil über Depressionen, mit Alli Neumann über Zukunftsängste und mit vielen anderen über Themen wie Identität, Fetische, Trennung oder Eifersucht.

Mit dem Podcast ging für mich ein kleiner Traum in Erfüllung. Ein bisschen wie Arabella Kiesbauer, oder? Aber ich finde es wirklich wichtig, ein Vorbild zu sein und meinen Fans zu vermitteln, dass es vollkommen okay ist, bestimmte Dinge zu fühlen oder anders zu sein als die Norm.

Ich habe jetzt eben einfach Fans. Ich liebe meine Fans. Manche, die seit Tag 1 am Start sind, kenne ich sogar mit Namen. Das ist fast wie eine zweite Familie. Bei meinen Fans gibt es eine Gruppe, sechs Mädels und Jungs. Berlinerinnen, so zwischen 15 und 25, das sind die Nura-Ultras, meine aktivsten Fans. Mit deren Eltern bin ich eng, die fahren ihre Kinder zu Fantreffen und Konzerten und holen sie wieder ab. Sie wissen, dass ihre Kinder safe wieder nach Hause kommen.

Nur weil ich weiß, dass ich 13-jährige Fans habe, werde ich nicht meine Songs verändern. 13-Jährige können differenzieren, wenn ich eine lustige Story erzähle. »Sativa« ist meine Traumvorstellung davon, wie es wäre, wenn ich in so einen Schickimicki-Club gehen und alle zum Kiffen anstiften würde, sogar den Türsteher. Das ist Comedy. Ich weiß, dass meine Fans so schlau sind, dass sie niemals sagen würden: Ich kiffe jetzt, weil Nura auch kifft.

Meine Fans wissen: Die Musik ist das eine, die Person Nura ist etwas anders. Aus meinen Instagram-Stories wissen sie, wie ich bin, wie ich rede. Wenn ich sage, sie sollen gerade sein, höflich sein. Die sind genauso empathisch wie ich. Sie können bei manchen Liedern total asi sein, aber sie wissen: Wenn eine ältere Dame in den Bus einsteigt, dann stehe ich auf und gebe ihr den Platz.

Am Anfang macht man ja einfach nur Musik. Dann

merkt man, dass diese Musik jemandem gefällt. Aber diese Leute mögen oft nicht nur die Musik. Sondern auch dich als Mensch. Das fing schon bei SXTN an und ging als Solokünstlerin weiter. Menschen verfolgen, wie du redest, was du trägst, wie du dich verhältst. Wenn man das zum ersten Mal richtig realisiert, dann merkt man auch, was man als Künstlerin für eine Verantwortung hat.

Ich bekam Nachrichten von Fans, die mir erzählten, wie schlecht es ihnen ging. Meistens waren das LGBT-Leute oder muslimische Mädchen, die lesbisch waren, schwule muslimische Jungs, Heimkinder, einfach alle Mädchen und Jungs, auch die Heteros, die meinen, dass ich ihnen aus der Seele sprechen würde. All diese Leute schrieben mir Nachrichten. Sie erzählten mir von ihren Problemen – egal, ob sie in der Schule gemobbt wurden oder zu Hause Stress hatten, weil sich ihre Eltern trennten. Manche wollten Sängerin werden, andere lebten im Heim.

Als Künstlerin habe ich nicht nur eine Verantwortung, sondern auch eine Aufgabe. Da zu sein. Ich sage meinen Fans immer: Sei ein guter Mensch, korrekt zu anderen, mach keine Unterschiede und nimm nicht jeden Scheiß einfach so hin. Ganz einfach.

Die Homophobie in der Rap-Szene stört mich richtig krass. Deswegen poste ich auch so viel zu dem Thema und wir haben bei jedem unserer Konzerte die Regenbogen-Flagge dabei. Ich will, dass die Akzeptanz für Leute aus der LGBT-Community in der Rap-Szene normal wird und jeder, der will, gerne zu unseren Konzerten kommen kann, ohne Angst zu haben. Damit sind wir ja auch nicht die Einzigen:

Ebow, Alli Neumann, Kraftklub, K.I.Z, Kelvyn Colt oder Kex Kuhl machen das genauso und nutzen ihre Reichweite.

Ab und zu fragt Mama noch, ob ich nicht langsam mal einen Mann bräuchte. Gar nicht aus religiösen Gründen. Aber sie wünscht sich halt eine arabische Hochzeit. Mama weiß nicht, dass ich bisexuell bin – aber sie sieht mich mit meinen queeren Freundinnen und Freunden und merkt, dass ich jetzt schon länger keinen Freund hatte. Ich glaube, sie kann es sich denken.

Mama war ja sogar schon mal mit mir auf einer queeren Party! Das kam so: Mama war in Berlin zu Besuch und fragte mich, was ich an diesem Abend machen würde, wenn sie nicht hier wäre. Sie würde gerne wissen, was ich so mache und wie ich drauf bin. Ich meinte, dass ich mit meinen besten Freunden auf eine »Hoe_mies«-Party gehen würde. »Hoe_mies« ist eine Partyreihe für Frauen und queere Persons of Color. Männer dürfen zwar rein, aber nicht auflegen und es läuft vor allem queer-feministischer HipHop. Außerdem gibt es sogar ein Awareness-Team.

Mama hörte sich alles an und fand das eine gute Sache. Mehr noch: Sie besorgte sich sogar extra schicke Klamotten. Und weil eine Freundin von mir an der Tür arbeitete, stand meine Mama sogar auf der Gästeliste! Überhaupt: Sie lernte all diese Menschen, die meine Freunde waren, kennen – egal ob bi, pan, schwul, trans, ohne oder wie Mama mit Kopftuch. All diese Leute aus den unterschiedlichsten Nationen, mit den verschiedensten sexuellen Orientierungen und Geschlechtern zusammen feiern zu sehen, fand Mama richtig cool. Mehr noch: Sie erzählte mir hinterher sogar, dass sie all diese Erscheinungen auf ihre Art und Weise unglaublich schön fand.

Im Nachhinein betrachtet, ist das für mich ein ganz besonderer Moment gewesen. Ich meine, Mama und ich haben uns eine Zeit lang wirklich krass gestritten. So sehr, dass ich von zu Hause ausgezogen bin. Wir haben jahrelang nicht wirklich ein Wort miteinander gesprochen. Aber wir haben diese Differenzen überwunden. Ich respektiere das Leben meiner Mutter und sie tut genau das Gleiche und respektiert meines. Wir wollen einander nicht verändern, sondern haben verstanden, dass uns beiden nicht damit geholfen wäre, wenn wir uns dem jeweils anderen anpassen würden. Und das ist wirklich eine schöne Erkenntnis.

Weißt du, was ich meine?

Eine der häufigsten Reaktionen darauf, dass ich ein Buch rausbringe, war: »Das wird das erste Buch sein, das ich mir kaufe!« Kann sein, dass manche Leute darauf mit Entsetzen oder einem Augenrollen reagieren. Was?! Die Kids lesen heute nicht mehr? Wie soll aus dieser Generation denn bitte etwas werden?

Aber ganz ehrlich: Mich macht das stolz! Das ist wirklich das Gefühl, das ich empfinde, wenn ich lese, dass jemand nicht einfach nur ein Fan meiner Musik, meiner Insta-Postings oder meiner Interviews ist, sondern so ein großes Interesse an meiner Person und vor allem meiner Geschichte hat, dass er sich sogar ein Buch kauft, in dem ich erzähle, wie ich zu dem Menschen wurde, der ich heute bin.

Aber vor allem auch, wie ich erzähle, wer ich gewesen und auch heute noch bin – und dass mich das alles nicht davon abgehalten hat, meine Träume zu verwirklichen, meine Ziele zu verfolgen und meine Wünsche wahr zu machen.

Ich, die mit ihrer alleinerziehenden Mutter und ihren drei Geschwistern aus Kuwait nach Deutschland geflohen ist, die kein Wort Deutsch konnte, die kein Geld hatte, die mehr als einmal richtig Stress mit ihrer Familie hatte und nie so richtig wusste, was aus ihr werden sollte.

Genau diese schwarze, bisexuelle, feministische, aktivistische Frau ist jetzt eine erfolgreiche Musikerin, die mit ihrer Kunst ihr eigenes Geld verdient und dafür nichts als Liebe bekommt. Gut, meistens zumindest.

Im Jahr 2020 sollte so etwas ja eigentlich selbstverständlich sein. Das ist es leider immer noch nicht. Aber egal, was noch kommt: Ich, Nura, habe dafür gesorgt, dass es in Zukunft ein bisschen selbstverständlicher sein wird. Und zwar für jeden, der gerade dieses Buch liest und manchmal denkt, dass er was auch immer weshalb auch immer sowieso nicht schafft.

Ich weiß, was ihr meint.

Danksagung

Danke an meine Familie, an meine Freunde und Bekannten, die mich auf diesem Weg begleitet haben. Besonderer Dank geht an Stella und Ramadan. Danke an Maria Barankow und Jan Wehn, dass Sie mir geholfen haben, einen Lebenstraum zu erfüllen! Danke an meine Fans, die mich bei allem supporten und so akzeptieren und lieben, wie ich bin. Ich kann manchmal mein Glück nicht fassen und bin so dankbar, dass ich das tun kann, was ich liebe und das geht alles nur weil gewisse Menschen mich niemals aufgegeben haben und immer an mich geglaubt haben, an meinen guten Tagen, aber auch an meinen schlechten Tagen und darauf kommt es an. Irgendwann werden meine Enkel dieses Buch in den Händen halten und stolz sein und bis dahin hab ich sowieso ein paar Sachen vergessen, deshalb ist dieses Buch wichtig :)
Liebe Grüße an meine ungeborenen Kinder und Enkel und viel Spaß beim Lesen.

In Liebe, eure Nura